QUÉBEC
ROMANTIQUE

ANDRÉ DUVAL

QUÉBEC
ROMANTIQUE

BORÉAL EXPRESS

La plupart des illustrations de ce livre apparaissent dans les ouvrages mentionnés dans la bibliographie. Les reproductions sont dues en partie au Service d'iconographie du ministère des Affaires culturelles et, pour celles qui proviennent de *Canadian Scenery*, *Picturesque America*, *Canadian Pictures*, *Picturesque Canada*, *Canadian Illustrated News* et *L'Opinion publique*, à la maison W.B. Edwards Inc., de Québec.

Tableau de couverture:
Acrylique du peintre Antoine Dumas
reconstituant l'arrivée du prince
de Galles à Québec en 1860.

ISBN 0-88503-074-5

© LES ÉDITIONS DU BORÉAL EXPRESS
C.P. 418, Station Youville, Montréal

A la ville de mon enfance

AVANT-PROPOS

Quand le 18e siècle prit fin, le côté épique de l'histoire de Québec disparut. La guerre de géants que la France et l'Angleterre s'étaient livrée pour la suprématie en Amérique avait maintenu dans un état d'alerte à peu près perpétuel la principale tête de pont des Français au Canada. Le traité de Paris lui retira cette vocation aussi dangereuse que noble. A l'exception de la tentative des généraux Arnold et Montgomery de s'en emparer en 1775 et de faire des rives du Saint-Laurent la quatorzième colonie américaine, Québec n'allait plus jamais connaître la guerre.

De là à conclure que le 19e siècle fut à Québec un siècle sans histoire, il n'y a qu'un pas. Ce pas, la plupart des historiens l'ont franchi sans la moindre hésitation. Leurs études se limitent en général à l'évolution politique du pays. Les grands jalons de l'histoire du Canada «sous le régime anglais», comme l'on disait jadis, se ramènent à l'Acte de Québec, à l'Acte constitutionnel, à l'Acte d'union et à la Confédération. Il faut reconnaître que beaucoup de ces historiens vécurent vers la fin de cette période. Bien des phénomènes contemporains ne leur parurent pas matière à histoire. Le public, de son côté, se sentait entraîné vers les fresques du passé. Épris de récits héroïques, il trouvait bien morne cette vie des années 1800 où toute la vedette allait aux hommes politiques. La période française eut tôt fait de monopoliser l'affection des érudits. La vieille capitale devint de plus en plus une aïeule oubliée. Québec ne fait guère parler d'elle au 19e siècle.

Le présent ouvrage vise précisément à faire ressusciter le 19e siècle à Québec. Puisque nous approchons du 21e siècle, il est normal que la période qui va des années 1800 aux années 1930 nous apparaisse désormais comme partie intégrante de l'histoire. Et alors, tout naturellement, chacun se demande ce que devenait Québec tout au long de ces années plutôt grises en apparence, par opposition aux décades flamboyantes qui les avaient précédées, pendant lesquelles se déroula l'évolution politique du Canada. Eh bien! ce que devenait Québec, cet ouvrage va nous l'apprendre.

Il ne s'agit pas d'un livre d'histoire cependant. L'auteur n'y raconte pas les événements. Il ne discute pas les faits et ne cherche pas à déterminer les dates. Il ne faut surtout pas y voir un manuel de la petite histoire de Québec. Le lecteur est présumé connaître la trame du récit ainsi que ses acteurs principaux. Ce livre est une oeuvre de réflexion et de synthèse. On peut n'y apprendre presque rien dans la mesure où l'on cherche la clé de certaines énigmes historiques, où l'on s'intéresse à la reconstitution des lieux ou à l'identification de certains personnages peu connus.

En revanche le lecteur verra se dégager certaines constantes faisant sentir leur action pendant plus d'un siècle, c'est-à-dire depuis la fin de la période militaire qui suivit la cession du Canada à l'Angleterre jusqu'à la deuxième guerre mondiale. C'est une période relativement homogène et, par convention, nous en faisons le 19e siècle à Québec. A l'appui d'une foule d'énoncés et d'explications l'auteur a recouru au témoignage de visiteurs et d'écrivains. L'originalité de l'oeuvre vient des jugements abondants portés sur une ville que tous connaissaient de réputation et que plusieurs eurent la curiosité ou l'occasion de visiter.

Les illustrations tendent à créer une imagerie de Québec. Elles sont toutes tirées de la période à laquelle l'ouvrage se rapporte. L'auteur espère qu'elles contribueront à donner au texte une ambiance visuelle. Elles permettront à l'imagination du lecteur de situer les acteurs de l'histoire dans un cadre d'action approprié.

Le titre et le sous-titre de l'ouvrage rendent bien l'ambiance qui régnait à Québec au 19e siècle. On vivait d'ailleurs à l'époque du romantisme, dont l'influence se traduit dans les écrits et l'imagerie de l'époque.

Nous avons une vieille chanson sur les noms canadiens, dont le refrain est le suivant:

Ah! les noms charmants! Ah! les braves gens!

De la même manière il faut dire de Québec:

Ah! la jolie ville! Ah! les braves gens!

André Duval

PLAIDOYER POUR UNE VILLE

Québec est une ville différente des autres. Disons plutôt qu'elle fut une ville différente des autres. Car, en cette fin du 20e siècle, des circonstances agissant dans le sens de la standardisation l'entraînent de gré ou de force non seulement vers une forme d'urbanisme qui règle son expansion sur le reste de l'Amérique mais aussi vers un type de personnalité urbaine qui lui fera paraître bien archaïque son comportement d'autrefois. En l'an 2000 on ne trouvera plus chez elle ces traces de la mentalité européenne qui lui ont permis de se singulariser tout au long du 19e siècle et pendant une bonne partie du 20e. Elle aura tout à fait abandonné l'Europe et sera passée pour de bon dans le camp américain.

Cela vint près de se produire il y a cent ans. Québec subissait alors une crise de progrès. Reflétant sans doute l'avis de ses contemporains, un chroniqueur de l'époque aussi renommé que Napoléon Legendre, dont les textes figurent dans toutes les anthologies de la littérature locale, proclamait qu'un souffle vigoureux passait sur les vieux murs et qu'une haleine de jeunesse réchauffait les antiques bastions. Comme en autant de gestes symboliques, on abattit une à une les portes qui donnaient accès à la place forte que la ville avait été jusque-là. Les idées nouvelles pouvaient pénétrer. En 1865, la porte Saint-Jean disparut, à l'ouest; en 1871, la porte Saint-Louis, au pied de la citadelle, et celle de la Montagne, au sommet du cap Diamant; en 1873, celle du Palais et celle de la Canoterie, au nord. Les autorités

municipales cédaient à un argument péremptoire: il fallait faire place au commerce.

Du jour où deux camions chargés, l'un d'une tonne de mélasse, l'autre d'un boucaut de tabac, passeront de front là où s'élèvent les portes, alors Québec monopolisera le commerce du Saint-Laurent.

Voilà ce qu'on disait. On avait peut-être raison.

Chose certaine, une ère prenait fin au Canada vers ces années-là. En 1871 les troupes britanniques, c'est-à-dire le peu qui en res-

Une ère prenait fin...
L'armée britannique
quitte Québec.
(*Canadien Illustrated News*,
11 novembre 1871).

tait en Amérique du Nord, quittèrent la citadelle de Québec et se rembarquèrent pour la mère-patrie. Ce départ signifiait que le système défensif élaboré sous les Français par l'ingénieur Chaussegros de Léry et complété sous les Anglais par le duc de Wellington n'avait plus sa raison d'être. Québec perdait sa fonction de gardienne du pays en même temps que le Canada perdait son utilité pour la Couronne impériale. La ville de Champlain, de Frontenac et de Carleton n'avait plus à affronter ni les frères Kirke ni l'amiral Phipps ni le général Arnold. Elle n'avait plus qu'à voir passer d'un oeil résigné les navires chargés d'immigrants qui contournaient le cap Diamant et disparaissaient à l'ouest entre les falaises de Neuville et de Deschaillons. Québec se demandait ce qu'il lui restait à faire.

«L'aristocratique capitale des deux Canadas», comme l'appelle l'homme de lettres québécois Joseph Marmette, gendre de l'historien François-Xavier Garneau, était d'ailleurs en chômage depuis le jour où une décision infortunée de la reine Victoria l'avait privée de son attribut de capitale du pays. «Le centre le plus brillant et le plus affiné de l'Amérique anglaise» revêtait depuis lors un «aspect morne» et «l'air ensommeillé du château de la Belle au bois dormant». Il faut relire les pages de Marmette pour comprendre quel coup dur cela avait été pour Québec. L'écrivain retourne au jardin du Fort, jadis le rendez-vous du beau monde les jours où la musique des militaires s'y faisait entendre. Son coeur se serre et il écrit:

> *Pauvre jardin! je te revois déchu de ta splendeur passée. Parterres incultes, gazon négligés, plate-bandes envahies par l'ivraie, arbres coupés: quel abandon, quelle désolation pèsent maintenant sur vous!*

On ne songe plus, de nos jours, à cette mélancolie qui accablait Québec. On parle davantage du vandalisme officiel qui éventrait les anciennes murailles sous prétexte que les canons Krupp les feraient sauter comme de vulgaires masures et qui jetait tout d'une pièce une cache de vieilles armes dans le quai de la gare! Or de tels gestes vont de pair avec un état d'esprit. Il est clair que Québec souffrait et qu'elle cherchait sa voie. Après avoir été la résidence vice-royale sous les Français et sous les Britanniques, elle se voyait soudain déchue de ses fonctions. Après avoir frayé avec les grands de ce monde, Paris, Londres, Rome, elle tombait au rang des villes ordinaires. «Sans l'avoir mérité», comme dit la chanson.

Les Yankees ne se seraient pas embarrassés de cette situation nouvelle. Faisant table rase du passé, ils auraient retroussé leurs manches et se seraient mis au travail. Les Yankees ne virent ja-

La porte Saint-Jean, vers 1850. (Archives nationales du Québec).

mais l'Amérique d'une autre manière. A propos de Québec justement, le romancier américain William Dean Howells fait dire à l'un de ses personnages:

Amenez-moi ici quelques Américains entreprenants et ils auront tôt fait d'abattre ces vieux murs et d'y laisser pénétrer un peu d'air frais.

Mais les anciens sujets des rois de France et d'Angleterre et fils de l'Église, solidement encadrés par les coutumes monarchiques et le droit canon, n'eurent pas cette désinvolture. Québec souffrit en silence. Combien il avait été frustrant pour elle, une fois votées les soixante-douze résolutions de la Conférence de 1864, de voir les Pères de la Confédération s'embarquer pour l'Outaouais en vue d'y explorer le site de la future capitale du Canada! Québec ne s'est pas remise de cette humiliation.

Elle fit cependant contre fortune bon coeur. Le 1er juillet 1867 elle se joignit aux autres villes du pays pour célébrer l'avènement de la nouvelle constitution. Les régiments de la garnison et les corps de milice volontaires se formèrent en carré sur la place de l'Esplanade. En présence d'une foule compacte, le maire de la ville donna lecture de la proclamation royale et alors, rapporte le *Journal de Québec*:

> *trois hourras enthousiastes poussés par les troupes et les spectateurs saluèrent le nouvel ordre de choses.*

Le rédacteur de ces lignes eut ensuite une réflexion curieuse:

> *Cette réunion et ces acclamations nous rappellent les immenses assemblées des Francs de même que les fêtes des champs de mai de la vieille monarchie française.*

Voilà bien la comparaison la plus inattendue, la plus invraisemblable de toute la littérature du Nouveau Monde. Pour une fois on peut accepter l'opinion selon laquelle à Québec tout est possible. D'une fenêtre de la rue d'Auteuil, en une ville d'Amérique qui n'existait pas en l'an 1600, qu'un spectateur prenne le commandant de la garnison pour Pépin le Bref ou pour Charlemagne, le maire de la ville pour le prévôt du royaume et les soldats écossais pour les guerriers de la Chanson de Roland, cela dépasse les outrances de pensée les plus extravagantes. Sous les Mérovingiens, le roi avait l'habitude de réunir au cours du mois de mars les hommes qui lui devaient le service militaire. Pépin le Bref remit ces réunions au mois de mai et les *champs de mars* devient les *champs de mai*. Rappelons-nous qu'à cette époque le mont Saint-Michel, en Normandie, n'était qu'un rocher de granit dans la forêt de Scissy et qu'on était encore à trois cents ans de la bataille de Hastings qui rendit Guillaume le Conquérant maître de l'Angleterre. Passe encore pour les États généraux que les nationalistes canadiens-français tenteront de ressusciter au 20e siècle, mais revenir aux champs de mai à Québec en 1867, cela est un comble de fidélité ancestrale!

De pareils excès nous révèlent comment les esprits s'orientaient, du moins certains esprits, ceux-là qui allaient s'opposer victorieusement à la démolition des murs de Québec après s'être opposés non moins victorieusement aux propositions assimilatrices de lord Durham à l'époque des Canadas unis. Ces esprits se portèrent plus loin dans le culte du passé que le bon sens ne le justifiait. Des hommes comme lord Dufferin et l'écrivain Faucher de Saint-Maurice avaient plaidé pour la conservation des vieux murs mais ils n'avaient pas entendu faire de Québec une sorte de mont Saint-Michel d'Amérique. Quand l'opinion, étonnée, puis convaincue, fit volte-face et déserta la thèse du progrès commercial, elle se livra à toutes sortes de simagrées issues d'une bonne volonté évidente mais plutôt mal inspirée. Le Moyen-Age envahit alors une ville qui n'avait rien de commun avec lui. On se mit à construire des ogives, des créneaux, des mâchicoulis, des barbacanes, des tourelles et des ponts-levis. Faucher de Saint-Maurice protestait:

> *En passant sur ces remparts, on ne songera plus au comte de Frontenac, à l'amiral de la Galissonnière, au général Montcalm. On rêvera de Bayard et de du Guesclin.*

La citadelle n'avait plus sa raison d'être..., 1855.
(Archives nationales du Québec).

Rien n'y fit. Aujourd'hui encore, pour satisfaire les Québécois, on leur construit des tours et des créneaux.

L'attachement au passé n'a pas seulement influencé l'architecture. Il a stimulé l'intérêt pour l'histoire à un degré exceptionnel. Sur la trame relativement ténue de l'établissement d'une colonie européenne en Amérique, une recherche historique d'une ampleur étonnante s'institua et elle n'a rien perdu de sa vigueur en plein 20e siècle. On dirait que la remarque fortuite de lord Durham «Ils sont un peuple sans histoire», ayant blessé les Québécois jusqu'au fond de l'âme, plus que n'aurait fait une longue dissertation, a provoqué chez eux une protestation indéfinie. On dirait aussi qu'ils ont conservé beaucoup de l'espoir extraordinaire des Français au sujet du Canada, témoin cette prophétie du gouverneur d'Avaugour en 1663:

> *Le fleuve Saint-Laurent est l'entrée d'un pays qui pourrait devenir le plus grand État de l'univers.*

Une sorte de rêve latent fait encore brûler les coeurs.

Jadis, — un jadis assez jeune puisqu'il remonte aux années 30 de ce siècle, — on faisait lire aux jeunes de Québec les *Récits laurentiens* du frère Marie-Victorin, un émule canadien de Linné, qui avait touché à la littérature avant de se consacrer à la botanique. L'un de ces récits s'intitule *Peuple sans histoire!...* Une illustration accompagnant le texte montrait l'héroïne, la jeune Thérèse Bédard, simple bonne au château Haldimand, résidence du gouverneur, mais petite-fille d'un voltigeur de Châteauguay, comme elle vient d'arracher des mains de lord Durham assoupi à sa table de travail le feuillet sur lequel il a tracé la ligne infamante. D'une écriture ferme, elle inscrit en travers de la page «Thou liest, Durham!» Ce récit allait de pair avec *La Dernière Classe* d'Alphonse Daudet dans les manuels de belles-lettres. Il semble bien que ce fameux «Ils sont un peuple sans histoire» soit à l'origine des tomes de l'*Histoire du Canada* du Québécois François-Xavier Garneau autant que du discours improvisé de la vaillante Thérèse Bédard au lendemain de son «Tu as menti, Durham!»

La volonté de réplique des fils de Frontenac ne s'est pas ralentie depuis ce temps. Frontenac avait fait parader l'envoyé de Phipps à travers les quartiers de la ville, les yeux bandés il est vrai mais les oreilles bien libres, afin qu'il puisse entendre la voix des soldats et le bruit de leurs préparatifs de défense. Les Québécois font de même et promènent inlassablement les fils de lord Durham dans les coins et les recoins de leur histoire. Ils ont tout exploré dans les moindres détails. Ils ont fait de leur ville la capitale mondiale de la petite histoire. Un de leurs concitoyens, journaliste et pamphlétaire, Arthur Buies, écrivait en 1890:

> *Oh! malheur à celui d'entre nous qui ne connaît pas l'histoire de la ville de Champlain, foyer modeste des plus beaux dévouements, du plus noble héroïsme...*

Bien peu d'entre eux ont encouru cette réprobation.

Pourtant Québec ne fut jamais une bien grande ville. L'écrivain anglais Anthony Trollope, après avoir parcouru l'Amérique vers 1860, ne pouvait s'empêcher de signaler combien les villes des États-Unis, pourtant plus récentes, avaient rapidement dépassé celles du Canada dans la course à la population. En 1860, Québec comptait 60 000 âmes; Montréal, 65 000; Toronto, 55 000. Les États-Unis l'emportaient haut la main avec Chicago, 120 000 âmes; Détroit, 70 000; Buffalo, 80 000. New York était déjà hors concours. Québec sentait que le jour était proche où elle ne pourrait même plus soutenir la comparaison, malgré une assez brillante performance économique jusqu'aux premières années de la Confédération.

Physiquement elle ne formait qu'une agglomération assez modeste. Les hautes marées portaient l'eau du fleuve contre les falaises du cap Diamant et l'on ne parvint jamais à gagner beaucoup de terrain de ce côté même en exhaussant le rivage et en construisant des quais. Philippe-Aubert de Gaspé, l'auteur des *Anciens Canadiens*, rapporte dans ses mémoires que la communication entre le faubourg Saint-Roch et la basse-ville était souvent interrompue à marée haute. Les charretiers attendaient, «en jurant comme des païens», que l'eau se retire. Quant aux

Québec, 1842,
vue par William H. Bartlett.

piétons, ils parvenaient à circuler en se hissant sur les galeries
des maisons et en passant ensuite d'une maison à l'autre. Comme
ce système entraînait de fréquentes conversations entre les occupants et leurs visiteurs imprévus, ces derniers ne parvenaient pas
vite à destination. Le bon vieux temps vraiment! Sur le cap Diamant lui-même, on ne s'éloigna que timidement des vieux murs
malgré l'excellence du terrain qui s'étendait à l'ouest des Plaines
d'Abraham. Les seuls réservoirs de population étaient les quar-

tiers, maintenant passablement délabrés, de la rive sud de la rivière Saint-Charles et ce curieux faubourg Saint-Jean-Baptiste, qu'on appela éventuellement le Faubourg sans plus, agrippé au versant septentrional du cap Diamant. Au-delà de ces limites, c'est-à-dire sur les pentes douces liant les Laurentides à la rivière Saint-Charles, sur la côte de Beauport, sur l'immense plateau de Sainte-Foy, c'était la grande campagne, assez vaste pour faire croire à la vocation agricole de ce patelin où vivaient les fils des premiers habitants du pays.

C'était modeste mais c'était beau. C'était simple mais c'était heureux. C'était rudimentaire mais c'était équilibré. On n'aurait pas dû chercher à Québec ce qu'elle n'était pas faite pour offrir. Trollope disait:

Québec a bien peu à signaler outre la beauté de son site.

Cette remarque contient un reproche implicite. Paul Bourget, le romancier français, quand il écrivit sur Québec, se tint sur la défensive et se limita à écrire:

De ma chambre du Frontenac je me grise à plaisir d'un panorama inoubliable.

Le romancier Henri Bordeaux, de retour en France après les fêtes du quadricentenaire de la découverte du Canada, écrivit laconiquement:

Elle a pour elle son site...

Ces propos sont la fâcheuse rançon des efforts d'une ville ardente. Elle a quelque peu donné le change à l'univers avec ses faits d'armes et la place qu'elle occupait dans les grandes chancelleries du monde. Et alors les gens se sont imaginé qu'ils allaient trouver ici des châteaux, des palais, des cathédrales, des arcs de triomphe. De château, il n'y en eut jamais qu'un seul, — souverainement bien situé, à trois cents pieds au-dessus de la mer, face au soleil levant, devant l'un des panoramas grandioses du monde, — et qui n'était rien de plus qu'une demeure spacieuse et fut emportée par l'incendie, sous le gouverneur Aylmer, un soir d'hiver par un froid sibérien en 1834. De palais, il y eut celui de l'intendant qui s'élevait près de la porte du Palais, justement, un grand bâtiment de bon goût mais dépourvu de recherche architecturale. De cathédrales, il n'y eut jamais que la catholique romaine, église modeste malgré la sympathie que ses pilastres, ses dorures et ses reproductions de tableaux célèbres inspirent; et l'anglicane, fort respectable mais bien éloignée de Saint-Paul à Londres. D'arc de triomphe, il n'y en eut pas du tout mais seulement une colonne pour marquer l'emplacement où le général Wolfe tomba et un obélisque dans le jardin du Gouverneur, élevé à la mémoire commune de Wolfe et de Montcalm.

La porte du Palais (F.-X. Paquet, 1873, Archives nationales du Québec).

Les plus déçus furent les Français, à partir du moment où ils eurent repris contact avec Québec au cours du 19e siècle. Quelqu'un avait dû faire là-bas, à Paris, un rapport exaltant sur le dynamisme de cette ville oubliée mais devenue la capitale d'un grand pays d'Amérique. Ce rapport, il vint peut-être du commandant Belzève, de la frégate *La Capricieuse*, lorsqu'il rentra en France en 1855 après avoir été acclamé comme un héros à Québec sans l'avoir prévu le moins du monde. Belvèze s'attendait à être reçu avec courtoisie par les autorités anglaises. Il était d'ailleurs porteur d'un message pour elles mais c'était le seul message qu'on lui eût confié. Aux acclamations de Québec il ne trouva pas grand-chose à répondre à titre officiel. Mais c'était peut-être un enthousiaste, capable de provoquer un certain réveil en France. De toute façon, Québec a connu depuis cette époque un contact continu avec la France et tel n'a pas été le moindre des traits enrichissants de la vie locale jusqu'à maintenant. Même en faisant la part de la curiosité chez les Français, il n'en reste pas moins que Québec était parvenue à rétablir avec Paris les relations culturelles qu'elle souhaitait. Les Français, de leur côté, tout en ne manquant pas d'être impressionnés de la performance de cette ville provinciale autonome, auraient souhaité trouver sur les bords du Saint-Laurent une succursale de Paris, capable de propulser l'influence française en Amérique. L'homme politique Édouard Herriot l'exprima dans ses *Impressions d'Amérique*:

> ... *je ne pense pas qu'à moins d'avoir abordé aux rives du Saint-Laurent, le Français, même le plus cultivé, puisse se rendre compte avec vérité de l'action qu'exerce là-bas notre pays et du magnifique encouragement offert par l'exemple canadien à ceux qui enseignent l'ardente vitalité de notre race.*

Côté britannique, le problème se posait tout autrement. Québec faisait partie du cortège impérial de l'Angleterre et cela allait paraître de façon bruyante lors des fêtes du tricentenaire de sa fondation en 1908. Québec figurait dans les chants de l'Empire.

Rudyard Kipling l'avait enrôlée dans *The Song of the Cities* avec
Bombay, Calcutta, Madras, Rangoon, Singapour, Hong-Kong,
Halifax, Montréal, Capetown, Melbourne, Sidney, Brisbane.
C'était peut-être flatteur. De toute façon les Québécois se pliè-
rent de bonne grâce et même avec passablement d'enthousiasme
au culte de la royauté si fort à l'honneur à partir du règne de la
reine Victoria. A plus d'un point de vue le Canada n'était pas
encore de l'Amérique. Québec, pas davantage.

Le château Saint-Louis, 1881. (*Canadian Illustrated News*).

On serait perplexe à moins. Dans cette situation compliquée, il
arriva à la vieille ville fidèle, la gardienne vigilante des possessions françaises, le Gibraltar d'Amérique, la fille aînée de l'Église au Canada, qu'elle continua à se sentir dépendante de ses
anciennes métropoles, Paris, Londres et Rome. De là une attitude assez singulière quand un personnage en vue lui arrivait
d'Europe. Il suffit de se rappeler ses gloires passées pour comprendre son désir de briller aux yeux des visiteurs. Les réceptions

exagérées faites aux représentants de la France, de l'Angleterre et du Vatican montrent jusqu'à quel point elle avait goûté sa vie antérieure, alors qu'elle était l'homologue des grandes partenaires européennes de l'Amérique et combien elle cherchait à retenir quelque chose de son prestige de première ville du pays. Ayant subi l'humiliation, elle ne s'était pas résolue à l'humilité. Son comportement fut celui d'un vieux noble qui affiche toute la splendeur du temps où il jouissait de la faveur royale.

La cathédrale anglicane. (James Smiley, 1829, Archives nationales du Québec).

Il existe de ce comportement quelques exemples mémorables. Quand Sir Charles Russell, le juge en chef d'Angleterre, vint à Québec en 1896, les membres de la magistrature et du barreau se rendirent à son hôtel le jour de la rentrée des tribunaux et c'est en grand cortège que juges et avocats escortèrent leur hôte par les rues jusqu'à l'église où allait être célébrée la messe dite du Saint-Esprit, laquelle marquait l'ouverture officielle des cours de justice. On l'emmena ensuite au monastère des Ursulines, dont le cloître s'ouvrit pour le recevoir, ce qui avait été jadis une prérogative réservée aux vice-rois. On multiplia banquets et discours en son honneur et, pour comble de considération, quelqu'un eut l'idée de réunir en brochure les résolutions du Barreau et les discours «provoqués» par le passage à Québec du juriste anglais. Il s'agissait de perpétuer parmi les juges et les avocats le souvenir de ce grand événement.

Cette fièvre du visiteur illustre durait encore en 1926 quand la ville de Québec reçut les cardinaux français en route pour le congrès eucharistique international de Chicago. Voici quel «dithyrambe affectueux» accueillit les prélats français:

> *Évêque de France! Après le titre d'évêque de Rome et celui de cardinal, c'est le plus glorieux qui puisse être donné à un homme. Il évoque tout de suite les noms de ces illustres bienfaiteurs de la Gaule, de l'Église et de l'humanité: les Martin de Tours, les Hilaire de Poitiers, les Rémi de Reims, les Irénée de Lyon, les Germain d'Auxerre, les Césaire d'Arles, les Loup de Troyes, les Aignan d'Orléans, géants de la foi catholique et de la civilisation européenne, à chacun desquels l'histoire a décerné le titre de* Defensor civitatis. *Lieutenants héroïques du pape en terre de France, ils sauvèrent avec lui, à maintes reprises, le trésor de la pensée chrétienne, et leurs noms servent encore de boucliers au génie français.*

«Quelle jonchée de fleurs sous nos pas!» s'exclama l'un des prélats.

Une ferveur pareille, cela ne se trouve qu'à Québec.

Québec avait opté en définitive pour ses vieux murs, ses vieilles maisons, ses monuments. Les partisans des camions et des barriques de mélasse, «la bande noire» comme Faucher de Saint-Maurice les appelait, perdirent la partie. Mais Québec opta du même coup pour une vie nostalgique où elle dépendrait beaucoup de son passé. Elle refusa de faire chorus avec les immigrants qui passaient par centaines et par centaines devant ses portes moralement murées et qui, eux, voyaient l'Amérique du même oeil que les Yankees. De cette attitude sortit une ville très spéciale, *that quaint old town* comme la décrivait le *Harper's Magazine* en 1859, «la vieille acropole solitaire et délaissée» du Français Louis Hourticq. Quand l'écrivain montréalais Robert de Roquebrune, enfant, se rendait en villégiature avec ses parents aux Éboulements, dans le comté de Charlevoix, le bateau qui l'amenait faisait escale à Québec. Au départ l'enfant se tenait longtemps sur le pont arrière. Roquebrune écrivit plus tard:

> *Je regardais disparaître peu à peu cette cité où il y avait une citadelle, un château, la porte Saint-Jean, la porte Hope et des rues qui passaient sous des portes à tourelles, des remparts et de vieux canons rouillés dans les embrasures, cette cité d'un aspect si nouveau pour moi et où j'avais eu, pour la première fois de ma vie, la sensation délicieuse d'être à l'étranger.*

LE NOUVEAU MONDE

Quel pays étrange et inhospitalier le Canada devait paraître à l'Européen du 19e siècle qui venait de franchir le détroit de Belle-Isle! Par cinquante degrés de latitude, c'est-à-dire à la même hauteur que Dieppe en France et que Plymouth en Angleterre, un sol continental surgissait enfin mais le regard n'y découvrait ni ville ni homme. Au-delà du houleux océan Atlantique, le voyageur se retrouvait dans un fleuve d'une largeur démesurée, dont une rive était si éloignée qu'elle se dérobait à ses regards et dont l'autre, à tribord, ne présentait qu'un paysage chaotique, évocateur de la terre en sa genèse.

Souvent les Canadiens font à Jacques Cartier, le découvreur du pays, le reproche filial de n'avoir pas dirigé ses navires une dizaine de degrés plus bas. Il aurait alors débarqué sur le territoire de la subséquente Nouvelle-Angleterre. La croix érigée au nom du roi de France se serait dressée sur l'île de Manhattan plutôt que sur la péninsule de Gaspé et toutes les hypothèses sont permises quant à la suite du récit. Mais Jacques Cartier n'était pas un aventurier se dirigeant à tout hasard. De sa ville natale de Saint-Malo, quand il regardait vers l'ouest, c'était en réalité vers les rives du Saint-Laurent qu'il dirigeait sa pensée sans que son regard puisse porter aussi loin et sans qu'il sache exactement ce qu'il allait trouver au-delà de l'océan en ligne avec la Bretagne. La statue que ses concitoyens du 20e siècle lui érigèrent sur le bord de la mer et qui nous le montre tourné vers l'Amérique est celle d'un navigateur qui sait où il va. En revanche la réplique de cette même statue que l'on retrouve place Jacques-Cartier à Québec fait penser à un homme qui se demande où il a abouti et qui regarde à la ronde autour de lui.

Une fois franchi le détroit de Belle-Isle, les navigateurs savaient qu'il leur était impossible de mettre pied à terre aussi longtemps qu'ils n'auraient pas dépassé les montagnes arrondies et bleuâtres qui défilaient sous leurs yeux dans la froide lumière du nord. Car derrière cette barrière s'étendait à l'infini un territoire désolé où d'autres montagnes succédaient sans ordre et sans répit à celles qui venaient sombrer dans l'estuaire du fleuve. On n'imagine pas autrement la terre à l'époque où, avec le soleil qui commençait à briller, la roche, la forêt, l'eau et le froid étaient les seuls éléments de la création. «On croit voir ce que virent Adam et Ève quand ils ouvrirent les yeux pour la première fois», fit observer lord Dufferin lorsqu'il arriva au Canada en 1872 pour occuper le poste de gouverneur général.

Jour après jour le navire avançait dans un paysage de préhistoire dont la solitude et l'immensité défiaient l'imagination. En vain on eût remonté le cours du Saguenay. Cette rivière réputée insondable et ses falaises effarantes auraient à jamais découragé les passagers de trouver en ce continent un site à la mesure de l'homme.

Tel était, de prime abord, ce Canada que Diderot avait décrit au siècle précédent, dans son *Encyclopédie*, comme une immense contrée

> *n'ayant point de bornes connues vers le nord, où elle se confond avec ces pays froids où l'avarice et la curiosité européennes n'ont pas encore pénétré.*

Il est notoire que les Français d'après le traité de Paris de 1763 n'avaient pas gardé du Canada un souvenir bien enthousiaste, pas plus que du Nouveau Monde en général,

> *ainsi qu'on nomme l'Amérique inconnue aux anciens, et découverte par Colomb, dont la gloire fut pure; mais mille*

Cette rivière réputée insondable et ses falaises effarantes... (Fred B. Schell, 1882).

*horreurs ont déshonoré les grandes actions des vainqueurs
de ce nouveau monde; les lois trop tard envoyées de l'Europe ont faiblement adouci le sort des Amériquains.*

Ce commentaire est d'un collaborateur de Diderot.

Pourtant, tout au long du 19e siècle, des milliers d'immigrants
européens allaient se précipiter vers ce pays auquel les Français
vouaient une estime plus que médiocre. Cette discordance a
quelque chose d'inquiétant. Les Français ne pouvaient avoir entièrement tort. Ils avaient trop pensé, travaillé, combattu, sacri-
fié hommes et ressources pour qu'on doute de la sincérité de leur
effort d'établissement au Canada. Or ils en étaient venus à la
conclusion que c'était peine perdue. On n'arriverait jamais à
rien en ce pays.

Au fond les Français n'étaient ni assez pauvres ni assez malheureux pour vouloir vraiment d'un nouveau pays. Qui voudrait
quitter un pays comme la France à moins qu'on ne l'entraîne de
force? Pour les populations des îles britanniques la situation
était toute différente, car un sol ingrat et la plaie du paupérisme
ne leur laissaient guère d'alternative. Il fallait partir ou mourir
de faim sur le sol natal.

A pleins bateaux les émigrants partirent donc pour un pays nouveau qu'ils paraient en pensée de toutes les douceurs mais qui en
réalité n'avait à peu près rien de commun avec l'Europe. Il
fallait avoir souffert les agonies de la traversée pour se réjouir à
la vue des rochers informes et des crêtes désolées de Terre-
Neuve, du bleu glacial de la côte nord du Saint-Laurent. On se
serait cru en route pour le pôle nord.

L'historien anglais Arthur Bradley, venu vérifier pour son propre compte les conditions dans lesquelles ses héros des guerres
nord-américaines avaient combattu, signale dans son livre sur le
Canada au 20e siècle combien il était paradoxal que ces régions
sauvages, infiniment éloignées de tout signe de vie humaine

digne de mention, aient été les premiers avant-postes à accueillir des milliers d'êtres humains en une terre d'abondance et de prospérité. Mais, avant d'être une terre d'abondance et de prospérité, le Canada n'avait été qu'un site d'héroïsme et de martyre. D'autant plus pénible fut le chemin qui y conduisait les pionniers du 16e et du 17e siècle! Ils méritent bien les statues érigées en leur honneur dans les rues de Québec et de Montréal.

Fort différente était l'arrivée en Amérique par la route de New York. Alors que par le Saint-Laurent les immigrants en avaient pour des jours à se sentir d'une taille infime en présence d'une nature incommensurable, à New York ils se trouvaient jetés d'emblée dans la cohue de la métropole américaine. Personne n'avait le loisir de s'interroger sur l'Amérique. On y était. C'était cela l'Amérique, ce grouillement d'hommes, cette populace, cette activité frénétique. Alors que les immigrants s'engouffraient ici dans une sorte de fournaise, là-haut à travers les banquises d'autres immigrants défilaient, anxieux, devant les montagnes impassibles du bouclier canadien.

Il arrivait parfois que la nature, après avoir valu aux nouveaux venus tant de frayeurs et de maux vécus, leur accordait des heures enchanteresses. Jamais de leur vie ils n'avaient contemplé des aurores comparables au soleil quand il se lève au-dessus des îles du Bic; ni des crépuscules de feu comme il en paraît au-dessus de l'embouchure du Saguenay. Ces flots, ces montagnes, ces forêts, ces rochers, ces îles, ce firmament blanchâtre, tout cela s'animait de temps à autre et plongeait les spectateurs dans l'extase. Brefs instants de réconfort pour les âmes nostalgiques!

Peu d'échos nous sont parvenus de ces heures où les immigrants pouvaient juger l'Amérique attirante. Susannah Moodie, une jeune Anglaise qui avait quitté son pays en 1832 pour s'établir dans le Haut-Canada, nous a révélé son état d'âme au moment où le navire qui l'amenait au Canada remontait le Saint-Laurent à la hauteur du comté de Charlevoix. Susannah Moodie devait obtenir une certaine notoriété dans les lettres

Le Bas Saint-Laurent aux Éboulements, 1882.

canadiennes en publiant, quelque vingt ans plus tard, le récit de sa vie parmi les pionniers de la région de Peterborough, en Ontario. On était en septembre, au moment où la nature a des douceurs exquises. La beauté du spectacle la subjugua. Après une nuit passée à la Grosse-Ile, — tristement célèbre pour avoir été le cimetière de milliers d'immigrants morts du choléra, — elle écrivit que l'île et celles de son groupe lui faisaient penser à un nouvel Éden émergeant des eaux du chaos.

Si elle avait pu passer l'automne à cet endroit dont la beauté l'enchantait, Susannah Moodie aurait assisté un soir ou l'autre à une fête nocturne comme cela arriva à son compatriote Charles Lanman quelques années plus tard. Explorateur, ami de la nature et artiste, Lanman était venu en Amérique pour s'adonner à la «chasse aux images nouvelles». Explorant le Saint-Laurent à quelque cinquante milles en bas de Québec, il mit pied à terre pour la nuit à l'Ile-aux-Oies, petite île au large de Montmagny, localité située à une quarantaine de milles en aval de Québec.

Voici ce qu'il raconte:

> *Le souper terminé, je m'étais assis sur un rocher et je regardais vers le nord quand mon attention fut attirée par des colonnes de lumière qui montaient tout droit vers le zénith derrière les montagnes lointaines. Pas la moindre vague ne ridait la vaste étendue du Saint-Laurent. Les montagnes associées aux colonnes de lumière et les étoiles innombrables s'y miraient distinctement. Bientôt je vis une lueur incandescente cramoisie envahir le firmament et je me rendis compte que j'assistais aux performances fantastiques d'une aurore boréale. De larges rayons, du blanc le plus pur, jaillissaient derrière les montagnes. Près du zénith apparurent quatre arcs de couleur pourpre dont le plus élevé se mêlait imperceptiblement au bleu profond du firmament. Puis les colonnes et les arcs disparurent et tout le firmament se couvrit de cramoisi, ce qui ressemblait à un lac de feu liquide agité de vagues innombrables. Je pensai aux solitudes inconnues qui s'étalaient au-delà de moi et à l'Être aux voies insondables qui tient l'univers entier dans le creux de sa main.*

Le paysage derrière lequel fusent les aurores boréales n'a pas changé depuis que le premier regard européen s'y posa. Les immigrants auront beau envahir l'Amérique par milliers, les Canadiens français auront beau étonner le monde par leur progression démographique, l'aire du bouclier canadien demeurera inhabitée. A partir des grèves du cap Tourmente, que l'on voit de la pointe est de l'île d'Orléans, les oies blanches poursuivront leurs migrations au-dessus des Laurentides et de la toundra jusqu'à leur bivouac polaire. Avec les tribus clairsemées de sauvages qui y mènent une vie nomade, elles seront seules à ébranler l'écho de ces contrées. Ce paysage défie les âges.

L'écrivain anglais John McGregor, auteur d'un ouvrage sur l'Amérique britannique publié en 1832, signalait que la côte et l'intérieur du Bas-Canada exhibaient la même nature sauvage originelle que cette partie du monde occidental présentait à Jacques Cartier deux cent quatre-vingt-seize ans auparavant.

Comme Susannah Moodie, McGregor avait été subjugué par la beauté du panorama. Quand il décrit le Bas-Canada, l'expression de «vues sublimes» revient souvent sous sa plume. Le certificat qu'il décerne à cette partie du Nouveau Monde est d'ailleurs assez bienveillant dans l'ensemble, exception faite de la saison d'hiver alors que le golfe et le fleuve Saint-Laurent offrent «les dangers les plus terrifiants, les plus sauvages et les plus formidables». Le *London Literary Gazette* recommanda le livre de McGregor aux personnes désireuses d'émigrer vers «un climat approprié sous la protection de la constitution britannique». Ce qu'il faut comprendre par un climat «approprié» (*a congenial climate*) demeure pour chacun une question d'appréciation personnelle!

On parvenait enfin à Québec. Alors seulement le Nouveau Monde s'adoucissait et la présence humaine se révélait. Québec brisait le silence glacial qui accapare le bouclier canadien depuis les rives du Saint-Laurent jusqu'aux profondeurs de l'Arctique. Québec voyait s'éloigner le troupeau écrasé et figé des montagnes scalpées par le glacier, montagnes innombrables et innommées, dont les sommets arrondis forment un pavé colossal de la grandeur d'un continent, où rochers et forêts, lacs et marécages restent éternellement immobiles. L'appréhension d'avoir fait route vers le pôle nord tombait.

Mais il s'en fallait de beaucoup que le spectre de l'Arctique ait disparu entièrement. Même après trois cents ans de sa fondation, Québec verra de ses fenêtres la lisière de la grande forêt et les fils du pays s'abriteront sous leurs wigwams près des habitations des blancs. A Lorette, à quelques milles au nord-ouest de la ville, sur un beau coteau ensoleillé à l'orée des bois, deux villages co-existent, celui des Hurons et celui des Canadiens. La

La forêt canadienne. (William Bartlett, 1842).

plus ancienne colonie européenne d'Amérique du Nord y vit côte à côte avec le premier occupant.

Aux yeux des Européens, ce phénomène n'est pas d'un mince intérêt. Il convient de le signaler aux Québécois, jadis facilement vexés de l'attrait que les Hurons de Lorette exerçaient sur les visiteurs, les Français tout spécialement. A Québec, on prenait les Hurons pour acquis. Depuis longtemps ils faisaient partie du décor et personne ne s'arrêtait plus à cette présence anachronique devenue familière. Or, aux yeux des touristes, cette co-existence constituait une remontée de mille ans dans l'histoire. Par la magie d'une traversée de l'Atlantique, ils se retrouvaient soudainement comme dans l'Europe des dernières décades de l'Empire romain d'Occident, alors que les Barbares ébranlaient les frontières du monde civilisé. Ici, à vrai dire, les rôles se trouvaient renversés, en ce sens qu'en Amérique c'était le monde civilisé qui ébranlait les frontières du monde barbare. Mais, durant le moment d'équilibre où les deux mondes s'affrontaient, c'était la répétition d'un grand drame historique. Deux conceptions de la vie humaine se mesuraient l'une à l'autre, celle des forces de la nature et des fils de la nature aux moeurs anarchiques et impétueuses subissant le choc de la technique, de l'appât du gain et de la discipline coalisés. Le Nouveau Monde, c'était le monde européen rajeuni de mille ans.

Sur le rocher même de Québec, les choses allaient assez bien pour l'affermissement de la formule dite de civilisation. Dès les débuts, les Français n'avaient pas envisagé autre chose que l'assimilation des Indiens et il est intéressant sous ce rapport d'assister aux efforts de scolarisation des fillettes indiennes par les Ursulines de Québec. Cette tentative a valeur de symbole car les Européens n'imaginèrent jamais aucune autre politique vis-à-vis des premiers occupants du sol. Peu à peu l'établissement de Québec grignota les rives du Saint-Laurent sur quelques lieues en amont et en aval de même que la périphérie de l'île d'Orléans.

Les chutes Montmorency, 1885.

On pouvait croire la civilisation solidement implantée dans la vallée du Saint-Laurent. En réalité il s'agissait d'une implantation bien précaire, même au 19e siècle, et si les Indiens du Canada avaient possédé le nombre et le dynamisme des Francs, des Saxons et des Vikings de l'Europe des Barbares, ils n'auraient fait qu'une bouchée de Québec, de Beauport, de Cap Rouge et de Lorette.

Le cas de Tadoussac est encore plus caractéristique que celui de Québec. Bien avant que Jacques Cartier ne plantât la croix sur le

Tadoussac. (Fred B. Schell, 1882.)

rivage de la baie de Gaspé, le petit poste de traite des pelleteries établi sous les grands pins à la bouche du Saguenay accueillait les marins et les trafiquants européens. L'historien du «petit village perdu dans les replis des monts au milieu des eaux claires», Camille Pacreau, le signale avec fierté:

Alors que les grandes et orgueilleuses cités d'aujourd'hui n'étaient que des bourgades inconnues, Tadoussac paraissait déjà depuis des siècles sur les lourds portulans, gravés aux armes royales de quelques souverains du XIVe ou du XVe siècle. Avec respect l'on ouvrait les atlas aux cartes historiées et là-bas, de l'autre côté de la rose des vents, au-delà de l'Ile-aux-Morues, au seuil d'une vaste région où l'on voyait des pygmées luttant contre des licornes, en bordure de grandes eaux où comme une étrange végétation s'étale le panache de vapeur des monstres de la mer, paraissait le nom de Tadoussac, la ville des fourrures; c'est de là que venaient les somptueuses parures étendues sur les lits de brocart et les souples pelisses des seigneurs de la Cour.

Si Québec, malgré toutes sortes de difficultés, a connu une certaine expansion et repoussé les fils de la nature à la lisière des bois, Tadoussac en revanche, alors que déjà le 21e siècle se profile à l'horizon du temps, demeure un simple pied à terre dans la vaste nature de l'embouchure du Saguenay. Appuyé sur un vieux canon, vestige du temps des Français, si l'on regarde au-delà de l'agglomération, on n'aperçoit toujours que le fleuve immense et les montagnes boisées. L'homme n'est pas vraiment parvenu à domestiquer ce pays. Tadoussac atteste la résistance du *far northeast of America*, comme disaient les Yankees en désignant l'est du Canada, à toute pénétration européenne d'envergure.

Québec elle-même n'est pas complètement venue à bout de cette résistance car il s'avéra impossible de transformer les pentes des Laurentides en rien qui s'approche des prés de la Normandie ou des vignobles de la Bourgogne, ce qui était en définitive l'objectif des mouvements de colonisation au 17e et 18e siècle. Les Blancs sont venus à bout des Indiens mais ils n'ont pas soumis la nature. Cela prendra encore mille ans pour qu'on retrouve sur les bords du Saint-Laurent les contours délicats de l'Ile-de-France et même les profils fleuris de l'Écosse.

La capitale du Canada devint cependant le centre d'un petit royaume touristique dont elle constituait elle-même l'attraction principale. Il est touchant de lire aujourd'hui les récits où les plus grands personnages de l'époque se retrouvaient en des lieux peu mentionnés de nos jours mais dont les voyageurs du 19e siècle et du début du 20e décrivaient la beauté et le pittoresque: les falaises de Cap Rouge, le lac Beauport, les chutes Montmorency, l'île d'Orléans, les chutes de la Chaudière.

Ainsi c'est au pied des chutes Montmorency que le gouverneur général lord Elgin lança à son insu le peintre Cornelius Krieghoff. Installé à Montréal, Krieghoff y végétait. A bout de ressources, il avait dû se mettre à l'emploi d'un fabricant d'enseignes. Un ami l'emmena à Québec. A cette époque, c'est-à-dire vers les 1850, la promenade d'hiver favorite des Québécois consistait à se rendre aux chutes Montmorency, où ils pouvaient s'adonner aux plaisirs de la saison, bien à l'abri des vents dans l'immense entonnoir que l'eau avait creusé à même la falaise au cours des millénaires. Une curiosité naturelle y apparaissait d'ailleurs quand les embruns des chutes se congelaient en retombant et formaient peu à peu un cône immense, aux lignes bien arrondies, que les gens appelaient Pain-de-sucre en raison de sa blancheur. Il va sans dire que l'eau de l'étang baignant le pied de la falaise se transformait en un plancher de glace et de neige où l'on pouvait circuler sans crainte. Lord Elgin aimait cet endroit et on l'y voyait une couple de fois chaque hiver, emmitouflé dans ses fourrures. Ces sorties laissèrent d'ailleur un agréable souvenir à l'homme d'État car, au moment de quitter le Canada, il révéla à ses amis combien il avait appris à jouir des charmes d'un jour d'hiver frisquet au Canada et à s'égayer de la musique alerte des grelots attachés aux carrioles. Krieghoff aussi s'amusait des scènes d'hiver. Installé contre le Pain-de-sucre, il multipliait les esquisses. Un jour que les deux hommes se trouvaient sur les lieux, on amena le peintre au gouverneur. Celui-ci

Les chutes Montmorency en hiver. (De Lorne, 1885).

examina avec intérêt les esquisses qu'on lui montra et, en présence de sa suite et du tout Québec, commanda séance tenante le produit fini.

Voilà en somme un tableau de Québec au 19e siècle. L'homme blanc dans un décor vierge de préhistoire, l'européen avec les forces vives de l'Amérique à l'arrière-plan, tel était le contraste que l'Amérique offrait à la grandeur de son territoire et que l'avant-poste de Québec n'a pas cessé d'offrir à ses visiteurs. Les officiers britanniques en garnison à Québec, quelque peu désoeuvrés, ont laissé des dessins presque idylliques où l'on voit des messieurs en habit de gala et des dames en crinoline sur la berge du fleuve, à Lévis, avec le puissant rocher de Québec

A partir de Québec les touristes pouvaient s'enfoncer dans la grande nature, — dans le *wilderness*, pour reprendre le terme anglais si expressif. La *Richelieu and Ontario Navigation Co.* offrait des excursions à la Malbaie, dans le décor des montagnes de Charlevoix qui allaient plus tard séduire le peintre A.Y. Jackson; à Tadoussac, gardienne de l'embouchure du Saguenay;

à Chicoutimi, petite localité agrippée aux collines du haut Saguenay. Et qui ne se rappelle les belles années de la *Canada Steamship Line* et de ses paquebots illuminés glissant sur le Saint-
Laurent, en route vers le bas du fleuve et le Saguenay?

Cette notoriété touristique n'eut point d'impact appréciable sur
les établissements humains, d'autant moins que le Saint-Laurent,
«la grandiose avenue», la vie et l'ami de Québec, ce bon géant
qui ne connaît ni crues excessives ni étiages dommageables, se
trouvait lui-même paralysé durant la saison froide. Du fait de
l'hiver la vie à Québec n'a toujours été qu'une vie tronquée.
L'hiver avait été à la source de la grande déception des Français
au sujet du Canada et il demeure le grand handicap. A cause de
ses «brutalités», pour reprendre le mot du géographe Blanchard,
Québec ne vit qu'une demi-année chaque année.

L'histoire avait fait successivement de Québec la capitale de
l'empire français d'Amérique et l'un des chefs-lieux de l'Amérique britannique. La géographie la condamna à n'être, au fond
de l'estuaire du grand fleuve, qu'un avant-poste du continent.
Partie intégrante du massif rocheux du bouclier canadien, que
Hugh MacLennan appelle «la perpétuelle frontière canadienne»,
elle se trouve physiquement gênée dans son expansion. Mais,
durant les six mois de sa vie annuelle, elle n'en manifestera pas
moins une activité singulière. Sans arrière-pays, incapable même
d'atteindre commodément sa voisine d'outre-fleuve, la localité
de Lévis, ne disposant que d'une faible population, elle ralliera
les forces éparses des établissements français d'Amérique et, du
haut de son rocher dressé face à la mer, elle fera sentir sa présence à tout le continent. Québec a fait marcher l'histoire. En
plus d'un sens, l'Amérique commence à Québec.
comme fond de scène ou près du Pain-de-sucre avec les chutes
Montmorency comme décor. Ces images distrayaient les altesses
et les lords des scènes de château.

UN ROCHER GRIS

Même après avoir atteint les côtes de Terre-Neuve, l'européen qui avait choisi la route du Saint-Laurent pour gagner l'Amérique devait compter plusieurs jours de navigation avant de mettre pied à terre. Souvent il n'atteignait Québec qu'après avoir perdu de longues heures dans le brouillard ou essuyé quelque forte tempête. Le bas Saint-Laurent n'avait jamais été autre chose qu'un cauchemar pour les marins. Il n'est pas étonnant qu'en approchant de l'île d'Orléans, apercevant par le biais le clocher de l'église de Sainte-Anne-de-Beaupré, ils aient pris l'habitude de décharger les canons de leurs batteries en reconnaissance au Ciel d'avoir échappé aux périls de la mer.

Déjà sous les Français le bas Saint-Laurent avait mauvaise réputation. En 1716 par exemple, un capitaine français, natif de La Rochelle, écrivait:

> J'ai été sept fois en Canada, et quoique je m'en sois bien tiré, j'ôse assurer que le plus favorable de ces voyages m'a donné plus de cheveux blancs que tous ceux que j'ai faits ailleurs. Dans tous les endroits où l'on navigue ordinairement, on ne souffre point et l'on ne risque pas comme en Canada. C'est un tourment continuel de corps et d'esprit. J'y ai profité de l'avantage de connaître que le plus habile ne doit pas compter sur la science.

Il fallait que la passion du commerce fût bien forte pour amener parfois plus de trois cents voiliers simultanément en rade de

Québec au milieu du 19e siècle. Et l'on ne s'étonne pas que New York, installée non pas au creux de l'estuaire interminable d'un fleuve tyrannique mais sur le rivage même de l'océan, ait déclassé rapidement sa rivale britannique.

Québec n'en garda pas moins une certaine clientèle jusqu'au début du 20e siècle. Mais ce fut de plus en plus une clientèle de passage. Puisque «la porte d'entrée du Canada», selon l'expression de Churchill, ne commandait par terre l'accès d'aucun territoire, ni les immigrants ni même les touristes ne trouvaient avantage à y descendre si ce n'est pour une brève escale. Elle devint rapidement une simple étape dans la progression vers l'intérieur du pays.

Un certain nombre de voyageurs venaient à Québec après avoir pénétré en Amérique par New York. Mais Québec leur paraissait aussi éloignée, aussi inaccessible par cette voie que par la route des découvreurs. Le célèbre rocher se trouvait au bout du monde, d'où que l'on vienne! Il était le terme d'un voyage par mer long et pénible ou la dernière étape de pérégrinations épuisantes à travers les forêts de l'Amérique. De façon générale, comme les chutes du Niagara constituaient la grande attraction du continent américain, les voyages à partir de New York ou d'autres villes du littoral américain s'organisaient en conséquence. Ils se dirigeaient donc vers le Haut-Canada. Le Bas-Canada demeurait sur la voie d'évitement pour ainsi dire et Québec, encore plus que Montréal.

Et, puisqu'il est question de leur ville, rappelons que même les Montréalais faisaient des résistances quand il était question de descendre à Québec. Le journaliste Hector Fabre, qui était natif de Montréal, y donna en 1866 une causerie au profit des incendiés de Saint-Roch et de Saint-Sauveur à Québec. Il était alors rédacteur au journal *Le Canadien* de Québec. Fabre pouvait donc se permettre de taquiner ses anciens concitoyens. Comme en riant les chiens mordent, il voulut du même coup leur reprocher un certain éloignement de coeur vis-à-vis «la ville des grands souvenirs». Voici le tableau qu'il leur brossa:

C'était autrefois une affaire capitale, un événement dans la vie d'un homme, qu'un voyage de Montréal à Québec. Il y pensait longtemps d'avance et, avant de partir, ajoutait un codicille à son testament. On se décide plus vite maintenant à aller en Europe et les malles sont plus tôt prêtes. La famille éplorée allait reconduire au port le hardi voyageur; on lui faisait des recommandations touchantes, des adieux émouvants; on se jetait à l'eau pour lui serrer une dernière fois la main.

Il fallait en somme à la vieille capitale une singulière vertu d'attirance pour amener les voyageurs, une fois parvenus à Montréal, à fournir un effort additionnel de deux cents milles pour voir une ville au-delà de laquelle il n'y avait plus rien que la forêt et le froid.

Cette vertu d'attirance, Québec la posséda de façon éminente car sa réputation de beauté et d'originalité était extrêmement répandue à travers le monde. Que l'on vînt de l'océan Atlantique ou de l'intérieur du pays à partir de Montréal, cette étape ou ce terme du voyage, selon le cas, exerçait une sorte de fascination sur les esprits. Cela remontait très loin. Ainsi le capitaine Basil Hall, de la Royal Navy, auteur de *Travels in North America in the years 1827 and 1828*, avise ses lecteurs que cette ville a déjà été décrite et plus que décrite. «S'il en allait autrement, dit-il, j'aimerais m'appliquer à un sujet aussi magnifique». Pourtant le capitaine n'aimait pas s'attarder aux paysages, qu'il jugeait fastidieux à la longue. Et, avec une pointe d'humour, il ajoutait:

De toute façon je n'eus pas beaucoup à me plaindre à ce sujet nulle part en Amérique car, à tout prendre, il n'existe pas au monde de pays plus ennuyeux.

Ces propos rejoignent assez bien ceux d'une vieille Anglaise de Montréal à qui l'on reprochait les mauvais chromos de paysages européens qui décoraient ses murs. «Il est déjà assez triste de

Québec, 1874: «Les mots
ne suffiront jamais à
décrire Québec...»

vivre en ce pays, répondit-elle vivement, sans avoir à en mettre
les images dans sa maison!»

Naturellement la vue de Québec la plus fameuse était celle qui
surgissait aux yeux des voyageurs venant de la mer quand le
navire avait dépassé l'île d'Orléans et la pointe Lévy. La vue
de Québec frappait d'autant plus les imaginations que le cap
Diamant venait tout à coup rompre la monotonie du paysage et
marquer de façon brusque une puissante empreinte humaine sur
le tissu vierge de la nature. Malheureusement ce contraste se
trouve bien atténué de nos jours. Car le cap Diamant a beaucoup changé en cent cinquante ans. Il a changé parce qu'on a
cherché de plus en plus à éloigner les flots de sa base. Placé au

confluent de la rivière Saint-Charles et du fleuve, il se dressait autrefois à égale distance de la falaise de Lévis, au sud, et de la côte de Beauport, au nord. Il baignait dans l'eau de tous les côtés. Aujourd'hui on dirait qu'il appartient à la côte de Beauport tant on a rétréci l'estuaire de la rivière. Non seulement les installations portuaires viennent détruire l'effet dramatique de la chute des falaises dans la mer mais le remplissage ambitieux du terrain bas que l'eau de la rivière recouvrait a créé un plateau sur lequel on construisit la gare, des édifices administratifs et des installations industrielles. Ces travaux eurent un effet pénible. A moins d'un effort inouï d'imagination, nul ne peut comprendre maintenant les cris d'admiration des anciens à la vue de Québec ni la comparaison qu'ils établissaient entre la masse du cap

Diamant et l'apparition d'un navire gigantesque ancré au milieu du fleuve. Il est facile de croire que l'expression des sentiments dépasse la réalité et chacun se console de sa propre indifférence en prétendant faire la part de l'exagération. Il n'en va pas ainsi dans le cas de Québec. Les cris d'admiration sont à prendre à la lettre. «Les mots ne suffiront jamais à décrire Québec», écrivait la comtesse d'Aberdeen, dont le mari fut gouverneur général du Canada de 1893 à 1898. Si Québec de la comtesse était là inchangée, elle figurerait en tête de liste parmi les inventaires d'Héritage International. Mais personne ne parle plus aujourd'hui de Québec avec les superlatifs des années 1880. En définitive «la bande noire» dénoncée par Faucher de Saint-Maurice aura triomphé et c'est en vain qu'on croiserait de nos jours sur le vaste lac Saint-Charles qui sépare l'île d'Orléans du cap Diamant et la côte de Beauport des falaises de Lauzon dans l'espoir de capter la vue que les anciens y obtenaient de la ville la plus étonnante d'Amérique.

Susannah Moodie nous décrit cette vue. Racontant son arrivée à Québec, elle écrit:

> *Toutes mes facultés de perception se concentrèrent dans le sens de la vue lorsque, ayant contourné la pointe Lévy, nous jetâmes l'ancre devant Québec. Quelle scène! Le monde peut-il en produire une autre pareille? Déjà Édimbourg avait représenté à mes yeux le* beau idéal, *le résumé de toutes les grandeurs de la nature, — une vision des Hautes-terres du nord avait hanté mes rêves en traversant l'Atlantique. Mais toutes mes récollections du passé s'évanouirent devant le* don *de Québec. La nature a prodigué ses éléments les plus grandioses pour former ce panorama étonnant.*

L'anglais Peter O'Leary, venu à Québec vers les 1870, décrit dans ses souvenirs de voyage l'exultation que la vue de Québec causait chez les passagers des transatlantiques. C'est, en quelques mots, la description classique d'une scène qui s'est répétée des milliers de fois:

La ville de Québec éclate soudainement à nos yeux, les toits de fer blanc de ses églises et de ses édifices publics brillant comme de l'argent; les passagers manifestent leur enthousiasme et leur surprise devant le magnifique paysage; les navires nous saluent l'un après l'autre à mesure que nous remontons le fleuve contre le courant... Nous voici maintenant sous les batteries menaçantes de la citadelle de Québec.

Pendant de nombreuses années Québec demeura le point d'arrivée de la navigation transatlantique. Le commerce et les chantiers de construction maritime en faisaient un port achalandé. Avec le temps cependant la prépondérance économique de Montréal poussa les navires à remonter le fleuve jusqu'à la métropole et quantité de voyageurs de la seconde moitié du 19e siècle et du début du 20e n'emportèrent de Québec qu'une image fugitive, celle de ce rocher énorme se dressant en plein fleuve et bloquant soudain le passage. Même alors Québec laissera à chacun un souvenir vivace, comme l'atteste l'Anglais Arthur G. Bradley en des termes qu'on pourrait croire empruntés au guide Michelin:

Les passagers à destination de Montréal ont en général l'occasion de descendre à terre pour quelques heures avant que le navire reprenne sa course vers le haut du fleuve. Même si tel n'était pas le cas, la vue de Québec, quand on contourne la pointe de l'île d'Orléans pour la première fois et qu'on parcourt lentement les quatre milles de voie libre qui s'étendent sous ses murs, vaut tout le voyage. Au-dessus des mâts et des quais qui cachent la ville basse, les maisons à toit en pignon de même que les tours et les clochers des églises, monastères et édifices publics, pour la plupart d'un style entièrement étranger à la civilisation américaine moderne, typiques d'un autre âge et d'un autre continent, s'élèvent rang par rang sur les pentes à pic du rocher massif jusqu'aux batteries de la citadelle qui couronnent le sommet de façon si appropriée.

En 1862 Québec reçut deux visiteurs célèbres. Il s'agit du docteur Cheadle et de lord Milton, mi-explorateurs et mi-touristes,
à qui revient l'honneur d'avoir été les premiers à traverser le
Canada de l'Atlantique au Pacifique. Leur voyage prit exactement un an, un mois et dix-huit jours. On s'explique qu'ils
n'aient pas voulu s'attarder à Québec. Voici ce qu'ils racontent:

> *Après deux jours, nous sortons sains et saufs du brouillard
> dense, glacial, pour nous trouver en plein soleil à l'embou-
> chure du Saint-Laurent et nous remontons vers Québec. La
> ville de Québec, avec ses maisons blanches et brillantes,
> piquées de vert, agrippées aux pentes d'un rocher imposant
> qui paraît se dresser au milieu du fleuve pour en barrer le
> passage, est d'une beauté étonnante, défiant toute compa-
> raison. Nous n'y restons que le temps de voir les glorieuses
> Plaines d'Abraham...*

Le récit de voyage de Cheadle et Milton parut à Londres et à
New York en 1865. Le texte qui précède en traduit un extrait.
Or, dans la version française de l'ouvrage, publiée à Paris en
1872, le traducteur élimina la référence aux Plaines d'Abraham
et, relatant l'étape de Québec, fit seulement dire aux auteurs:
«Nous ne prîmes que le temps de l'admirer...»

Pendant cette longue période où Québec fut le point d'arrivée de
tous les navires des lignes océaniques, d'innombrables voyageurs, — touristes, immigrants, hommes politiques, membres du
clergé, hommes d'affaires, — défilèrent au pied du rocher. L'un
d'eux fut le comédien Charles Chaplin. Peu après les années
1900, Chaplin avait décidé de s'établir en permanence en Amérique. Comme tant d'autres, il ne vint au Canada que pour atteindre les États-Unis. Dans son autobiographie, il écrit:

> *Nous étions au début de septembre et nous longions Terre-
> Neuve dans le brouillard. Enfin la terre parut. Le temps
> était à la pluie et les rives du Saint-Laurent nous parurent
> sinistres. Du navire, Québec ressemblait aux remparts où le
> spectre de Hamlet pouvait errer et je me mis à penser aux
> États-Unis.*

L'évocation du spectre de Hamlet errant sur la longue terrasse Dufferin, maintenue contre le flanc du cap Diamant par une rangée de contreforts, avec la masse de la citadelle à l'arrière-plan, n'a rien de particulièrement attrayant. Par mauvais temps elle n'est pas hors de propos cependant. Québec a l'air sinistre en effet quand la pluie bat inlassablement les fenêtres, comme cela se produisit au cours de la Conférence de Québec en 1864, quand des pans de roc s'écroulent et s'abattent sur les maisons de la rue Champlain, au pied de la falaise, comme cela se produisit également sous les yeux des Pères de la Confédération, quand d'énormes vagues grises martèlent les flancs des navires qui s'en approchent. C'est un pays où il pleut beaucoup, où les nuages et la pluie remplissent le ciel et l'air, confondant dans une grisaille universelle l'eau du fleuve, l'ardoise des falaises, les fortifications, les murs des maisons, les toits des églises. Les gens se claquemurent alors dans leurs demeures et, s'il n'est pas question pour eux du spectre de Hamlet parce qu'ils n'ont pas lu Shakespeare, ils n'en penseront pas moins à un monde où les âmes sont provisoirement privées de lumière et de chaleur, celui de la commémoraison des morts que le 2 novembre rappelle aux vivants quand il les entraîne dans les allées remplies de croix des cimetières.

Il ne pleut pas toujours cependant. Chaplin n'aurait pas évoqué le spectre de Hamlet à la vue de Québec s'il l'avait aperçue par un matin radieux. Il en aurait peut-être parlé comme Marius Barbeau, l'ethnologue canadien, dans son beau livre *Québec où survit la Nouvelle-France:*

> *J'étais tout enfant lorsque, pour la première fois, je vis la vieille ville de Québec, et l'impression que j'en reçus n'est pas encore effacée... Le haut promontoire, surmonté d'une citadelle, semblait tout prêt à nous décocher des traits. Les remparts crénelés, les tourelles et les clochers de la ville évoquaient des contes de chevalerie ou des récits merveilleux. Nous entrions de plein-pied dans la féerie.*

Le Moyen-Age a ses partisans, même au Canada!

Barbeau appartient à la lignée des visiteurs qui se présentèrent à Québec en suivant le cours du fleuve, c'est-à-dire à partir de Montréal. On prenait habituellement le bateau au début de la soirée et on accostait à Québec le lendemain matin. Les passagers devaient se lever tôt pour ne pas manquer la vue de la ville au moment où le bateau dépassait la pointe de Sillery. L'énorme falaise du cap Diamant se dressait alors à babord avec la citadelle massive à son sommet, elle-même dominée par le bastion

Québec vue
de la citadelle.
(W.H. Bartlett, 1842).

du Roi au mât duquel flottait le drapeau britannique. Les passagers ne tenaient pas moins à voir *Wolfe's Cove*, c'est-à-dire la crique qui succédait à la pointe de Sillery, célèbre pour avoir permis le débarquement des soldats anglais dans la nuit du 12 septembre 1759. On sait que Montcalm, informé de la présence de l'armée ennemie sur les hauteurs, s'était écrié: «Mais ils n'ont pas le droit d'être là!» Malheureusement pour lui, ils y étaient bien, avec ou sans droit! Tout Anglais bien né se faisait montrer le profil des Plaines d'Abraham au bout du sentier serpentant à travers les broussailles de l'escarpement. «C'est là!» affirmaient en étendant le bras les guides improvisés, les compagnons d'occasion ou les matelots.

On se levait à quatre heures, s'il le fallait, pour ne pas rater cet instant.

Il s'en fallait de beaucoup que la ville elle-même eût de quoi charmer les visiteurs quand ils avaient mis pied à terre. Elle risquait alors de perdre l'extraordinaire réputation que lui valaient à travers le monde la beauté de son site et les attraits de la région. La plupart des visiteurs étaient déçus de ses rues, de ses maisons, de ses édifices publics. Ils avaient sans doute vu beaucoup mieux en Europe. Par bonheur on finissait habituellement par surmonter les premières impressions fâcheuses. Il faut dire que l'intérêt de Québec n'était pas là.

Walter Henry, un *staff surgeon* de l'armée britannique, qui avait été à l'île Sainte-Hélène au moment de la mort de Napoléon, vint à Québec en 1827 avec son régiment. Il n'y trouva d'abord qu'«un vilain assemblage de maisons perchées au bout d'un promontoire chauve». Mais il en vint à modifier son jugement:

> *Après une couple de jours, la place remonta dans notre estime. Nous gagnons les remparts et nous montons à la citadelle où nous admirons les vues glorieuses qui s'étalent à nos yeux de tous côtés. Nous visitons les nombreuses et charmantes localités du voisinage immédiat; nous courons sur les rives de la jolie petite rivière Saint-Charles; nous jouissons de la vue de Québec telle qu'elle apparaît de Lorette; nous secouons les échos endormis de ce joyau qu'est le lac Saint-Charles; nous explorons les rochers étonnants de la Chaudière; ou bien nous contemplons à nous en fatiguer les yeux le torrent de la rivière Montmorency.*

Wolfe's Cove. (L.R. O'Brien, 1882).

L'un des plus illustres visiteurs de Québec au 19e siècle fut le prince Louis-Napoléon, cousin germain de l'empereur Napoléon III. En 1861, le prince s'était accordé un voyage autour du monde, qui l'amena d'abord en Afrique et ensuite en Amérique. Le nombre de lieues qu'il parcourut et le nombre de villes qu'il visita dans un laps de temps relativement court, trois mois et vingt jours exactement, est déconcertant même aux yeux d'un touriste moderne. Le prince Napoléon et sa suite décrivirent un immense cercle de Marseille à Brest, en courant à Alger, à Oran, à Gibraltar, à Tanger, à Cadix, à Séville, à Lisbonne, aux Açores, à Terre-Neuve, à Halifax, à New York, à Washington, aux Grands Lacs, au Mississipi, au Niagara, à Montréal, à Québec, une deuxième fois à New York, et enfin à Boston pour de là rentrer en France.

A Québec, le prince ne passa que deux jours, juste assez longtemps pour laisser dans les annales de la ville une autre de ces images invraisemblables dont elle a une bonne collection. On croit rêver à la pensée qu'un jour un descendant de Napoléon Bonaparte allait, en Amérique, passer en revue des régiments anglais sur un champ de bataille qui avait vu la défaite de l'armée royale française! Or, par un caprice des circonstances, ces éléments incohérents se trouvèrent réunis à Québec le 16 septembre 1861 quand le prince Louis-Napoléon passa en revue le 60e régiment carabiniers et le 17e léger sur les Plaines d'Abraham. Ensuite, à cinq heures de l'après-midi, les Français quittèrent Québec, escortés jusqu'à la gare par le commandant de la garnison et son état-major et par la population qui criait *Vive la France!* «avec une ardeur fanatique», note Maurice Sand.

Qui était ce Maurice Sand? — Nul autre que le fils de l'écrivain George Sand, écrivain lui aussi mais quelque peu dilettante. Maurice Sand faisait partie de l'escorte du prince Louis-Napoléon. Il écrivait son journal chaque jour en vue de fournir une matière littéraire à sa mère. «Je suis *une paire d'yeux* et *une paire d'oreilles* au service des réflexions que tu voudras faire», lui écrivait-il. Cette profession de foi filiale ne l'empêcha pas de publier son journal aussitôt de retour en France sous le titre de *Six milles lieues à toute vapeur.*

Sa profession de foi filiale ne l'empêcha pas non plus de faire sur les citoyens de Québec diverses réflexions pour son propre compte. On était encore à l'époque où l'appétit politique des Yankees maintenait le Canada dans un certain état d'appréhension à leur sujet. Comme Maurice Sand n'éprouvait pas à l'égard des Américains une sympathie excessive, — il fait de Lincoln un portrait peu flatteur, il dénonce la brutalité des Américains envers les Indiens, — il se réjouit de trouver à Québec un sentiment de nationalité et nulle envie «de se laisser gagner par la propagande égoïste des États-Unis». Témoin des relations amicales entre les troupes de la garnison et la population, il constate que l'Angleterre «a mis peu à peu toute l'eau possible dans le vin de la victoire».

De l'ancienne métropole française, Maurice Sand donne la description suivante:

> *Je ne sais pourquoi Québec m'a rappelé Angoulême: la ville haute en escalier, rues tortueuses, vieilles maisons au flanc du rocher; dans la ville basse, les nouvelles fortunes, le commerce des ouvriers; — dans l'une et dans l'autre, beaucoup de boutiques et de mouvement... La citadelle de Québec est située tout en haut du cap Diamant, sorte de promontoire aigu, tout pailleté de quartz, qui brise le vaste confluent du Saint-Laurent et de la rivière Saint-Charles. Bien que ce cap en eau douce n'ait guère que trois cents pieds d'élévation, on y domine une magnifique étendue de pays, des terres où les moissons verdissent encore, des eaux à perte de vue, des villages et, au fond, dans le bleu, des montagnes qui donnent un aspect de vraie grandeur à cette immensité.*

Un soir, du haut de la citadelle, Maurice Sand vit une aurore boréale. Il faisait froid, comme c'est toujours le cas les soirs où les lueurs du nord jaillissent au-dessus des Laurentides. Sand admira le spectacle mais, dit-il, «il gèle, je trouve qu'au 15 septembre c'est un peu tôt».

Le déploiement des aurores boréales dans le ciel de Québec y appose en quelque sorte le sceau du grand nord. Ce rocher est un fragment de l'incommensurable bouclier canadien. Il appartient à l'empire de rochers et de lacs, de bouleaux et de pins gris qui s'étend de l'océan Arctique, près du Grand lac de l'Ours, jusqu'à la frontière des États-Unis et qui englobe plus de la moitié du pays. Quand, des rues de la haute-ville de Québec, on regarde la ligne bleutée des Laurentides, l'imagination y superpose sans peine une géante couche de glace comme à l'époque qui précéda la mer Champlain et l'on comprend que les champs de Beauport et de Lorette descendent de la montagne vers le fleuve en une courbe lisse et bien arrondie comme la langue d'un glacier.

Son appartenance au régime du grand nord fait peser sur Québec une menace permanente, celle du mauvais temps. Les pluies sont fréquentes, l'eau tombe dru même au cours de l'été. Le vent et les nuages sont presque des compagnons quotidiens, si bien que les belles journées ensoleillées se présentent toujours comme une heureuse surprise. Dès septembre la menace de l'hiver pèse sur la région. On guette avec appréhension le matin où quelqu'un dira: «Il a gelé cette nuit!» C'est qu'alors l'hiver est aux portes de la ville. Il sera long et rigoureux, il l'isolera du reste du monde pendant plus de six mois. Et, même quand les familles sont bien installées dans l'hiver parce qu'il faut bien s'y résigner, même alors on s'interroge de jour en jour sur le temps qu'il va faire. Car ce géant, — l'hiver, — a des sautes d'humeur «effrayantes». Ce terme s'est retrouvé dans la langue des Québécois jusqu'au milieu du 20e siècle. Il a eu principalement son application dans la météo populaire. «C'est effrayant comme il fait mauvais!» «Il fait un temps effrayant!»

L'un des premiers visiteurs à dépeindre les rigueurs de l'hiver à Québec fut l'Anglais Adam Hodgson dans ses *Letters from*

North America, publiées en 1824. On trouve de longs extraits de ces lettres dans un livre plus ou moins connu en tant qu'ouvrage littéraire mais fort apprécié des Canadiens pour leur avoir conservé les gravures de William H. Bartlett. Il s'agit de *Canadian Scenery* par N.P. Willis, paru à Londres en 1842.

Parler des «gravures» de Bartlett est en réalité une inexactitude de langage. Bartlett était un illustrateur et non pas un graveur. Des divers pays du monde où sa profession l'entraînait, il envoyait ses croquis à son éditeur ou peut-être il les lui remettait à son retour de voyage. L'éditeur voyait à trouver les graveurs. On n'en parle pas moins couramment des gravures de Bartlett, en anglais *Bartlett engravings* ou *Bartlett prints*. Pour être rigoureuse, la traduction française devrait être «gravures Bartlett». Les seules illustrations de *Canadian Scenery* relatives à Québec, — une vingtaine, — sont l'oeuvre de presque autant de graveurs différents, dont le nom apparaît dans le coin droit, en bas: C. Cousen, J. Cousen, G.K. Richardson, R. Willis, etc. Le nom de l'artiste apparaît sous le coin gauche, en bas également. La technique devait différer bien peu d'un graveur à l'autre car les gravures de Bartlett affichent une unité de style remarquable. Si l'on compare, par exemple, l'illustration de la chute Montmorency à celle de la Chaudière, bien malin serait celui qui pourrait identifier le graveur de l'une ou l'autre. Ce sont, dans tous les cas, des oeuvres admirables sur lesquelles il faut promener la loupe pour en apprécier l'extraordinaire qualité. Le souci du détail a quelque chose d'exaspérant pour l'amateur d'art moderne. La popularité présente des gravures de cette époque tient peut-être à une sorte de remords de conscience qu'elles provoquent quand on les met en regard de certaines oeuvres d'où le dessin est absent.

Bartlett recherche les sites qui offrent les vues les plus saisissantes. On le verra, crayon en main, installé au sommet de la citadelle, sur le haut de la falaise de Montmorency, au pied des chutes de la Chaudière. Il aime les panoramas, les forts volumes d'eau, les feuillages abondants. Il tient à stimuler l'inté-

rêt du lecteur des ouvrages dans lesquels ses illustrations appa-
raîtront. On s'explique que Bartlett, déjà bien servi par le relief
accidenté de la région de Québec, ait accentué ce caractère et
qu'il ait introduit des vues romantiques dignes de la Suisse dans
le cadre des vastes étendues du Saint-Laurent. Il a haussé les
falaises, grossi les chutes d'eau, élargi les horizons. A l'occasion
il a placé, dès les premiers plans, des personnages minuscules
comme pour bien marquer le contraste entre l'homme et l'immensité de la nature, ce qui est une vue romantique de l'univers.
L'effet obtenu est remarquable. *View from the Citadel of Que-*

«Jamais de ma vie
je n'ai vu un pays
à ce point englouti
sous la neige.»

bec, *Monument of Wolfe and Montcalm, Village of Lorette, Chaudière Fall, Scene from the Summit of the fall of Montmorency, The Market Place,* autant d'images qui vont du grandiose au pittoresque, du pittoresque au charmant. Il convient de noter ici qu'il existe d'Édimbourg, la capitale de l'Écosse, de belles gravures Bartlett, — Édimbourg à qui les voyageurs ont répété à satiété que Québec ressemblait, — notamment *The Calton Hill — with Nelson's Monument.* Le futur héros de Trafalgar, alors qu'il commandait la frégate Albermarle, ne fut-il pas à Québec sous le gouverneur Haldimand?

Bartlett n'a pas fait de Québec un pays ensoleillé. Des nuages encombrent partout ses ciels et la lumière du soleil ne vient toujours que d'une percée plus ou moins grande dans un firmament gris. Nous n'avons de lui aucun dessin de Québec en hiver.

Pour en revenir à l'Anglais Adam Hodgson, voici comment la ville de Québec lui apparut du plateau élevé de Sainte-Foy par un froid midi d'avril:

> *Comme nous approchions de Québec, il y avait six pieds de neige; des hauteurs d'Abraham, l'oeil portait comme sur un immense lac de neige; toutes les irrégularités mineures de terrain, clôtures, bornes, bois mort, avaient disparu; les toits des villages, les maisons de ferme éparses, avec ici et là la ligne sombre des pins et le mât de quelque* schooner *pris dans la glace et marquant le lit de la rivière Saint-Charles, tels étaient les seuls objets visibles. Une chaîne de montagnes, courant de l'ouest au nord jusqu'à sa rencontre avec le Saint-Laurent, ferme l'horizon; aucun signe avant-coureur du printemps en ce lugubre avant-poste de la civilisation.*

Près de cent ans plus tard, l'Américain Clifton Johnson, auteur et illustrateur, originaire du Massachusetts, donnera cette description de l'hiver à Québec:

> *Jamais de ma vie je n'ai vu un pays à ce point englouti sous la neige. Il faisait tempête et le vent me fouettait les joues de traits piquants, faisait tourbillonner les flocons de neige sur les champs, recouvrait les collines et autres obstacles. La neige atteignait le haut des clôtures. Et pourtant quelqu'un me dit qu'il n'y avait pas, cet hiver-là, la moitié autant de neige que d'habitude.*

Malgré la neige et le froid, toute beauté n'a pas déserté Québec. Le bleu des montagnes et le vert sombre des forêts, une étrange fixité des choses et la limpidité du ciel frappent l'imagination autant que les couleurs de l'été. L'Anglais John J. Bigsby, qui avait été le secrétaire de la commission formée sous l'empire du traité de Gand pour déterminer la frontière États-Unis-Canada, dresse de l'hiver à Québec le tableau suivant:

> *L'hiver venu le paysage est absolument splendide mais d'une façon différente. A l'exception des toits à pignon des maisons de la basse-ville, dont la couverture métallique ne garde pas la neige, les couleurs de l'été ont disparu. Tout le pays, — la ville, les banlieues, les environs, les plaines et les pentes, non moins que les clôtures des fermes, — tout dort, pour ainsi dire, sous une vaste couverture de neige, cristalline, d'un blanc éclatant, avec les parties à pic des montagnes en forme de pains de sucre d'un violet lumineux.*

Malgré la beauté de son décor, les Québécois appréhendaient beaucoup l'hiver. Le temps venu, ils le subissaient, témoin ces vers de l'historien François-Xavier Garneau, poète à ses heures:

> *Adieu, charmants oiseaux, habitants des bocages,*
> *Allez vers de plus doux climats.*
> *Puissé-je comme vous fuir le temps des orages*
> *Et de l'été suivre les pas...*

Pour Arthur Buies, un chroniqueur local, il n'y avait pas là matière à poésie. Buies se rappelait le ciel clément de l'Italie pour avoir combattu avec Garibaldi en 1859. Le climat de Québec le bouleversait. De retour au pays il écrivait:

> *Il y aura donc un hiver en 1871; bientôt on mettra les doubles croisées; ... le givre s'attachera aux carreaux des fenêtres et chacun, claquemuré dans sa maison comme dans un hôpital, attendra six mois le doux retour des fleurs et les parfums de la plaine... Heureux sont ceux qui peuvent s'échapper! J'envie tous les Canadiens qui émigrent et qui peuvent gagner soixante à quatre-vingts dollars par mois aux États-Unis... Avec cela que le pont de glace est inébranlable: il résiste à la pluie, au vent, au soleil, aux prières de 60 000 âmes en état de grâce et toutes puissantes au ciel. Les ponts de glace sont des châtiments...*

Buies disait même de Québec que c'était un «tombeau de glace» et la pensée de l'hiver le faisait grelotter:

Après un hiver où il est tombé trente à quarante pieds de neige en moyenne, voilà qu'il neige encore, aujourd'hui, 28 avril; il y a déjà deux pouces de cette manne sur le sol, les rafales soufflant du fleuve nous aveuglent, on reprend ses fourrures et ses mocassins; c'est éternel. Et dire qu'à la fin d'août on recommencera encore à geler, on reviendra de la campagne tout grelottant, et la neige retombera comme de plus belle à la fin d'octobre pour ne pas cesser pendant six mois. O mon Dieu! est-il donc vrai que, dans votre justice infinie; vous avez voulu que les Canadiens expiassent les péchés du reste des hommes!

Le pont de glace. (Archives nationales du Québec).

On est loin de la France et de son climat enchanteur. Frappé de stupeur devant les rigueurs de l'hiver canadien, un Anglais émigré au Canada, Ernest Watkins, économiste de profession, souligne avec force le contraste entre Paris et Québec sous ce rapport:

En quelle partie de la France la rivière qui conduit à Paris se transforme-t-elle en une glace solide pendant cinq mois de l'année, forçant les exilés à suivre des yeux la dernière voile jusqu'au moment où elle disparaît à la pointe de l'île d'Orléans et à grimper alors depuis les quais jusqu'à la ville, à barrer leur porte et à attendre l'hiver de froid et de glace et d'isolement?

Tel était déjà l'avis de Howells:

Les Français qui comptaient trouver là le climat de leur terre natale et en cultiver les vignes sous un soleil généreux, y avaient perpétué l'image de la mère-patrie en tant de choses que cela brise le coeur de voir descendre sur eux la triste, oblique lumière du nord.

Tel était aussi l'avis de Conan Doyle, qu'il avait sans doute pris dans les livres car l'écrivain anglais n'était pas encore venu au Canada à l'époque où il élaborait son roman franco-canadien *The Refugees*. Le héros du récit, Amory de Catinat, est un capitaine huguenot de la garde du roi de France à Versailles. Forcé de fuir son pays à la suite de la révocation de l'Édit de Nantes, de Catinat fait naufrage dans l'Atlantique mais il est recueilli par le marquis de Denonville, lequel fait route vers la Nouvelle-Angleterre, dont il vient d'être nommé gouverneur. Au moment de descendre à Québec, de Catinat exprime sa mélancolie:

Ce n'est pas comme la France. Ce n'est pas verdoyant et paisible et souriant mais c'est grand et puissant et sévère.

En effet ce n'est pas comme la France. On y chercherait en vain les prés aux couleurs variées et joliment assemblées de l'Ile-de-France ou les coteaux délicatement arrondis par des siècles de labeur du Lyonnais. Aucune clairière dans la forêt ni aucun ruisseau cheminant sous les arbres ne pourra rendre aux fils de la France le visage riant de leur pays.

Et, pour comble de tristesse, c'est une contrée où l'on s'ennuie. On est loin de ses proches et de ses amis parce qu'un océan terrifiant sépare le Canada de la France; on se sent loin parce que les communications prennent un temps infini et que, des lieues et des lieues à la ronde, on ne trouve que la forêt et le froid. Dans ce désert l'esprit souffre autant que le coeur. Arthur Buies, qui a beaucoup lu et beaucoup voyagé, déplore le désoeuvrement et l'apathie de ses concitoyens. Il s'écrie avec aigreur:

Dans ce coin isolé du monde, de quoi parlera-t-on et qui peut avoir des idées?

Québec passera peut-être à l'histoire comme une énigme, celle que l'écrivain américain Willa Cather esquisse finement dans le beau roman qu'elle lui a consacré *Shadows on the Rock.* En exergue de son livre, l'auteur cite un extrait d'une lettre de Marie de l'Incarnation à l'une de ses soeurs:

Vous me demandez des graines de fleurs de ce pays. Nous en faisons venir de France pour notre jardin, n'y en ayant pas ici de fort rares ni de fort belles. Tout y est sauvage, les fleurs aussi bien que les hommes.

C'est un récit nostalgique de la fin du 17e siècle. Il s'ouvre sur le tableau d'Euclide Auclair, l'apothicaire-philosophe, debout au sommet du cap Diamant par un après-midi de la fin d'octobre 1697. Les yeux tournés vers la mer, il contemple le Saint-Laurent qui s'étend, vide, devant lui. Une heure plus tôt les voiles du dernier des navires venus de France au cours de l'été avaient disparu dans le passage entre la pointe Lévy et l'île d'Orléans, en route pour la mère-patrie. L'apothicaire était demeuré un bon moment sans bouger après que ses compagnons soient retournés à leurs affaires. Willa Cather fait alors cette réflexion:

La séparation d'avec le monde lui devenait plus pénible d'année en année. Il était étrange vraiment qu'un homme au tempérament doux et réfléchi comme lui, élevé à la ville et aux manières les plus conventionnelles, se trouvât sur un rocher gris dans la solitude du Canada.

UNE ÉTENDUE D'HERBE

Vous savez que ces deux nations sont en guerre pour quelques arpents de neige vers le Canada et qu'elles dépensent pour cette belle guerre beaucoup plus que tout le Canada ne vaut.

Ces propos de Voltaire irritent encore les Canadiens.

Le duc de Choiseul, le secrétaire d'État des Affaires extérieures de France sous Louis XV à l'époque du traité de Paris, ne se souciait pas plus du Canada que Voltaire. Pour lui la colonie française d'Amérique n'avait pas seulement l'inconvénient de coûter plus cher pour son maintien qu'elle ne rapportait à la métropole, elle gardait aussi la France dans un état de perpétuelle hostilité avec l'Angleterre. En l'abandonnant le ministre français faisait d'une pierre deux coups: il se délestait d'une hypothèque et il faisait la paix avec son puissant voisin d'outre-Manche.

Choiseul pressentait que les colonies de la Nouvelle-Angleterre allaient chercher à s'affranchir de la tutelle de la mère-patrie aussitôt que la menace française aurait cessé de peser sur elles. Pour cette raison l'insistance du premier ministre anglais William Pitt à acquérir le Canada l'étonnait grandement. «Il ne voit pas, disait-il, qu'entre nos mains le Canada sert à maintenir les colonies dans une dépendance dont elles sortiront dès sa cession.»

En 1768, quand la France réussit à s'approprier la Corse et par
là, sans le savoir, à préparer le Consulat et l'Empire, Choiseul
fut si fier de son succès qu'il voulut porter le coup de grâce au
Canada dans l'esprit de son souverain:

> *Je crois que la Corse peut assurer à Votre Majesté et à l'Es-
> pagne cette domination dans la Méditerranée et que cette île
> est plus essentielle au royaume, la dépense qu'elle coûte ou
> qu'elle a coûtée, moins onéreuse que ne l'aurait été une île
> en Amérique... Je crois que je puis même avancer que la
> Corse est plus utile de toutes manières à la France que ne
> l'était ou ne l'aurait été le Canada.*

Telle fut en quelque sorte l'oraison funèbre du Canada à Paris.

A tort ou à raison la France oublia donc le Canada. Mais il est
un point sur lequel tout le monde donne raison à Choiseul. C'est
qu'il avait vu juste en prophétisant la révolte des colonies américaines contre l'Angleterre. N'avait-il pas soutenu que, si les ministres anglais avaient eu la sagesse qu'on leur prêtait, ils auraient choisi de verser à Sa Majesté française un subside pour
conserver le Canada plutôt que de le lui arracher à grand frais?

La victoire des Anglais à Québec le 13 septembre 1759 allait en
effet paver la voie à l'indépendance américaine. Telle est sans
doute l'explication de l'extraordinaire retentissement de la bataille des Plaines d'Abraham dans l'histoire. John Richard
Green, dans son histoire du peuple anglais, dit que cette bataille
est de celles qui eurent sur les destinées du monde «une influence
qui se fera sentir pendant des siècles». Il écrit:

> *Avec le triomphe du général Wolfe sur les hauteurs d'Abra-
> ham commence l'histoire des États-Unis. En écartant un
> ennemi qui tenait en échec les colons de la mère-patrie, en
> rompant la barrière que les Français leur opposaient dans le
> bassin du Mississipi, Pitt jeta les fondements de la grande
> République.*

Monument de Wolfe sur les Plaines d'Abraham.
(Archives nationales du Québec).

Ce sera aussi l'avis de Winston Churchill, qui écrit à ce sujet:

> *L'Amérique du Nord connut la sécurité pour les peuples de langue anglaise. Pitt n'avait pas seulement gagné le Canada mais il avait à jamais banni le rêve et le danger de l'empire colonial français s'étendant de Montréal à la Nouvelle-Orléans. Comment aurait-il pu se douter que l'extinction de la menace française allait entraîner la sécession des colonies anglaises de l'Empire britannique?*

Si l'histoire des États-Unis commença à Québec en 1759, à plus forte raison celle du Canada prit-elle un tour nouveau. «Telle fut cette bataille des Plaines d'Abraham qui décida de la possession d'une contrée aussi vaste que la moitié de l'Europe», conclut mélancoliquement l'historien québécois François-Xavier Garneau après en avoir fait le récit. Quant aux historiens canadiens Morgan et Burpee, ils y voient la fin d'une époque:

> *Avec la mort de Wolfe et de Montcalm sur les historiques Plaines d'Abraham en 1759 prend fin la première période de l'histoire canadienne, avec tout son romanesque et son merveilleux. Le Canada devient maintenant une colonie britan-*

nique et l'ancien régime, si désespérant du point de vue
pratique de la colonisation mais si séduisant pour l'histoire
ou l'épopée, fait place à l'inévitable agitation britannique
pour le gouvernement autonome.

Les Français en général en restèrent à l'attitude dédaigneuse de
Voltaire. «La France peut être heureuse sans Québec», avait
prononcé le vieil oracle. En revanche les Anglais ne doutèrent
jamais qu'ils avaient fait un bon gain en prenant le Canada. Le
poète, chansonnier et journaliste Charles Mackay, qui effectua
une tournée aux États-Unis et au Canada en 1858, se recueillit
devant la colonne érigée en 1834 à la mémoire de Wolfe là même
où le général anglais était tombé au cours de la bataille. Son
coeur oscillait entre la colère et l'exaltation:

Mieux vaut 1834 que jamais! Comment expliquer que le
gouvernement britannique ait laissé passer trois quarts de
siècle avant de rendre hommage à ce vaillant soldat, à cet
homme de génie qui a remis à l'Angleterre une prise aussi
splendide que le Canada?

Pourtant les États-Unis avaient déjà commencé à manifester une
vitalité qui, un peu plus chaque jour, déclassait le Canada au
yeux de tous les observateurs. Thackeray, l'illustre romancier
anglais, contemporain de Mackay, avait refusé d'inclure le Canada dans son itinéraire américain sous prétexte que «les États-
Unis avaient un plus gros poisson à offrir que le Canada».
Effectivement, tout au long du 19e siècle et au-delà, le Canada,
— et Québec par le fait même, — ne représentera le plus souvent
qu'une étape d'une importance toute relative sur la route des
visiteurs européens en Amérique, des plus illustres aux plus
modestes.

L'Angleterre prit son parti de la croissance extraordinaire des
États-Unis. Ses propres affaires, à vrai dire, n'allaient pas trop
mal de par le monde et le Canada demeurait un joyau précieux
de la Couronne britannique. La bataille des Plaines d'Abraham
ne perdait rien de son heureuse signification, surtout pas aux

yeux des Anglais établis au Canada et de leurs fils. L'écrivain Beckles Willson, qui était né à Montréal et avait reçu son éducation à Kingston avant de passer en Angleterre, raconte un trait de son enfance canadienne:

> *Je n'avais pas encore six ans quand j'allai à Québec pour la première fois avec mon père, en bateau à vapeur. Même si jeune, je savais tout sur Wolfe et Montcalm et mon coeur d'enfant battait fort à mesure qu'approchait cette merveilleuse ville suspendue et ses hauteurs fortifiées.*

Toute sa vie Willson demeura dans ces dispositions. Pour lui Québec était une «terre historiée». C'est lui qui prit l'initiative de faire ériger un monument à la mémoire de James Wolfe en sa ville natale de Westerham. La statue de Wolfe y fut dévoilée à l'occasion du *Quebec Day* londonien du 13 septembre 1909, c'est-à-dire cent cinquante ans exactement après la bataille des Plaines d'Abraham. L'écrivain et voyageur H.V. Morton parle de cette statue du «héros de Québec» dans l'un de ses livres:

> *Une évocation dramatique s'échappe de cette silhouette isolée dans le ciel de la ville. Wolfe se tient là, on dirait, non pas au centre d'une petite ville commerçante du Kent, mais haut par-dessus les lointaines Plaines d'Abraham.*

Chose étonnante, la bataille des Plaines d'Abraham n'a pas moins contribué à la célébrité du perdant qu'à celle du gagnant. C'est une singularité de cette bataille qu'elle a rendu Montcalm aussi fameux que Wolfe. A Québec tout particulièrement on prit toujours soin d'honorer un héros autant que l'autre. L'inscription gravée sur l'obélisque érigé en leur honneur en 1827 dans l'ancien jardin du Gouverneur est un chef-d'oeuvre à cet égard. On la rédigea en latin pour éviter de donner préséance à l'anglais sur le français; on associa les deux héros pour le courage et dans la mort; on les tint pour égaux dans la gloire en leur dédiant un monument commun. Aux Canadiens français de Québec un tel souci d'égalité parut suspect et ils n'assistèrent pas à la pose de la première pierre. Cette attitude blessa les Anglais. L'un des officiers de la garnison de Québec commenta l'incident en ces termes:

Le beau geste de dédier ce monument à Montcalm, le vain-
cu, aussi véritablement et aussi notoirement qu'à Wolfe, le
vainqueur, est de bon goût et en tout point digne de lord
Dalhousie et du pays magnanime dont il représente le sou-
verain. Cependant les Canadiens français s'abstinrent de
prendre part à la cérémonie; au contraire, dans un esprit
mesquin et inamical, ils estimèrent que le nom de Montcalm
n'avait été mentionné que pour souligner le triomphe de
Wolfe.

On n'en continua pas moins, de part et d'autre, à associer les
noms de Wolfe et de Montcalm et à équilibrer les manifestations. A la colonne érigée en 1834 sur les Plaines d'Abraham à
la mémoire de Wolfe correspondit la statue de Montcalm sur la
Grande-Allée à Québec. A la statue de Wolfe à Westerham
correspondit celle de Montcalm à Vestric-Candiac, son lieu de
naissance, près de Nîmes. Quant aux innombrables récits de
l'historique bataille, ils ne sont toujours que des variations sur
les thèmes de l'obélisque de Québec.

Le champ de bataille des Plaines d'Abraham constituait un pèlerinage obligatoire pour tous les visiteurs de Québec. Sandford
Fleming, l'un des pionniers de la compagnie de chemin de fer du
Pacifique Canadien, plus tard chancelier de l'université Queen's,
relate ainsi son arrivée au Canada et sa première visite à Québec:

Le fleuve à Québec était immensément rempli de vaisseaux,
et les navires-pilotes s'élançaient dans toutes les directions.
Les toits de fer blanc des maisons et les flèches des églises
brillaient dans les rayons du soleil... Nous avons visité l'in-
térieur d'une chapelle catholique romaine; elle était vrai-
ment décorée avec richesse et finie de façon élaborée. Nous
avons visité le lieu où le général Wolfe tomba et avons été là
où la bataille avec le général Montcalm fut livrée. De retour
au navire le Brilliant, *nous avons pris nos bagages pour les*
transporter sur le steamer *à destination de Montréal.*

L'obélisque du jardin du Gouverneur. (Joseph Bouchette, 1832).

Les Plaines d'Abraham, vers 1880

Le voyageur-conférencier et écrivain James S. Buckingham lie le souvenir de Wolfe et de Montcalm à sa description de Québec en des termes qu'on retrouve à peu de variantes près sous la plume de tous les visiteurs venus à Québec par la voie du Saint-Laurent, — directement d'Europe ou par Montréal, — au cours du 19e siècle:

> *Je m'attendais à contempler une vue magnifique et je ne fus pas déçu. Avec sa silhouette de pyramide le cap Diamant se dressait, s'élevant jusqu'à 350 pieds au-dessus du fleuve. Près de la citadelle, qui domine le rocher, s'étendent les*

célèbres Plaines d'Abraham où Wolfe fut blessé à mort au
cours de la bataille livrée à Montcalm, bataille qui entraîna
la prise de Québec.

L'écho de la grande bataille et les noms de Wolfe et de Montcalm se retrouvent à l'occasion chez certains écrivains français.
André Lichtenberger, par exemple, écrira:

> *... les bénéficiaires du sacrifice de Wolfe et de Montcalm*
> *n'ont été ni la nation victorieuse ni la nation vaincue. En*
> *réalité la stèle élevée par l'Angleterre aux deux héros com-*

*mémore surtout la fondation du berceau de deux grands
états américains: les États-Unis et le Canada.*

La meilleure conclusion de ce jumelage historique assez inusité
vient en définitive d'un Américain. William D. Howells écrit:

*Cette association renforça l'idée d'une sorte d'amitié pos-
thume entre Wolfe et Montcalm, qui donne à leur mémoire
sa rare distinction et les réunit, eux qui tombèrent dans un
combat l'un contre l'autre, aussi étroitement que s'ils étaient
morts tous les deux pour la même cause.*

La célébrité de Wolfe et de Montcalm demeure l'une des fantaisies de l'histoire. Comment un coup de chance de la part de l'un
et une incompréhensible témérité de la part de l'autre ont-ils
mérité un tel retentissement? «Cette campagne militaire tant
vantée est faite pour le moins de hasard autant que de savoir-
faire», écrira lord Selkirk dans ses mémoires. En elle-même la
bataille des Plaines d'Abraham fut un événement assez modeste,
peu susceptible de prendre la vedette parmi les grandes batailles
de l'histoire. Les forces en présence étaient loin d'être imposan-
tes et les généraux des deux corps d'armées recoururent à la stratégie la plus élémentaire. Pourtant leurs noms sont inscrits dans
les registres de l'histoire universelle. Tel est le contraste que
l'historien Arthur G. Bradley souligne avec force:

*J'ai été à Waterloo et en été et en hiver et j'incline à croire
qu'un plus grand nombre de touristes visitent les Plaines
d'Abraham que ce lieu pourtant plus accessible et plus fameux à l'extérieur de Bruxelles. Ce n'est pas une hérésie,
j'ose le croire, que la victoire mineure de Québec engendra
plus d'événements que Waterloo même. Un demi-million de
Russes et d'Autrichiens s'apprêtaient à venir à la rescousse
des alliés pour le cas où Napoléon avec sa petite armée l'eût
emporté sur eux. En revanche, si Wolfe avait failli en ce
matin gris de septembre 1759, le Canada fût sûrement resté
français et le cours de l'histoire de l'Amérique du Nord eût
pris une tournure qu'on ne peut même pas imaginer.*

Un nom plus que les autres est lié à l'histoire des Plaines d'Abraham. Un Américain de Boston, Francis Parkman, consacra sa vie à décrire la lutte de géants que se livrèrent la France et l'Angleterre pour la domination du continent nord-américain. C'était un historien minutieux et intègre. A partir de 1866, on le vit plus d'une fois à Québec, où il devint bientôt une silhouette familière, «montant et descendant la rue Saint-Louis d'un pas vigoureux tout en boîtant un peu», selon la description de son biographe Mason Wade. Les Québécois lui dédièrent l'*Album du Touriste*, sorte de guide pour les visiteurs:

> *Au touriste aimé qui, chaque printemps, nous revient avec les hirondelles; au brillant et sympathique historien qui a su entourer d'une auréole notre vieux Québec!*

Francis Parkman... un nom lié à l'histoire des Plaines d'Abraham.

Parkman fouillait les archives. Il courait, accompagné de son copiste, du Séminaire de Québec au palais épiscopal, de la bibliothèque de la Législature au bureau d'enregistrement. Il aimait vérifier sur place. De là ses apparitions fréquentes sur la rue Saint-Louis alors qu'il se dirigeait vers les Plaines d'Abraham. Dans son ouvrage sur Montcalm et Wolfe, Parkamn reconstitue l'aspect du champ de bataille:

Les Plaines étaient une étendue d'herbe, assez égale dans l'ensemble, avec des carrés de maïs ici et là, marquée d'îlots de broussailles, et formant une partie du plateau élevé dont

Les Plaines d'Abraham.
(W.H. Bartlett, 1842).

Québec occupait l'extrémité est. Elle était bornée au sud par les pentes longeant le Saint-Laurent; au nord par les pentes longeant la rivière Saint-Charles, ou plutôt longeant les prés à travers lesquels ce cours d'eau paresseux serpente. A l'endroit que Wolfe choisit comme champ de bataille, le plateau n'a pas plus d'un mille de largeur.

En 1908 lord Grey, gouverneur-général du Canada, eut l'idée de sauvegarder le site des Plaines d'Abraham, c'est-à-dire de soustraire le champ lui-même à l'envahissement urbain. La célébration du tricentenaire, à laquelle les Québécois travaillaient déjà, fournit au gouverneur-général et à ses amis une occasion propice pour lancer le projet d'un Parc des Champs de bataille. Ce parc fut effectivement créé par une loi du gouvernement fédéral le 17 mai 1908. Ainsi le Canada «retranchait ce terrain sans prix du catalogue des choses ordinaires», selon l'expression de l'historien québécois William Wood.

Pour quelle raison cette loi de 1908 parle-t-elle «des» champs de bataille plutôt que des seules Plaines d'Abraham? — C'est qu'une seconde bataille entre Français et Anglais, connue sous le nom de bataille de Sainte-Foy, s'était déroulée en 1760 à peu près au même endroit, un peu plus vers le nord-ouest à vrai dire, que celle de 1759. Cette fois, sous la conduite de Lévis, les Français l'avaient emporté. Bien que demeurée sans lendemain, la bataille de Sainte-Foy a toujours procuré une grande satisfaction sentimentale aux Canadiens français.

Certains craignaient que la célébration de 1908 soulignât trop fortement le triomphe des Anglais sur les Français. On revenait ainsi à la querelle de 1827, ce qui entraîna les mêmes protestations de sincérité de la part des Anglais. On représenta aux Canadiens français que les fêtes de Québec allaient attribuer une victoire à chaque groupe. Il s'agissait, assurait-on, de souligner l'union des deux races dans l'harmonie et non pas la victoire de l'une sur l'autre. A la fin du *pageant* reconstituant en un jeu théâtral élaboré les faits d'armes de 1759 et 1760 les soldats de Wolfe allèrent déposer une couronne au pied du monument de Montcalm tandis que ceux de Montcalm allèrent déposer une couronne au pied du monument de Wolfe. On entendait sceller ainsi «une entente cordiale d'honneur», réplique évidente de l'entente cordiale qui régnait depuis 1904 entre la France et l'Angleterre. Champlain, dont c'était véritablement la fête puisqu'on célébrait le troisième centenaire de la ville qu'il avait fondée en 1608, subit à cette occasion une certaine éclipse au bénéfice de Wolfe et de Montcalm; et de même la France des rois, au bénéfice de l'Empire britannique.

Cette loi de 1908 contient une disposition bizarre, d'ailleurs restée lettre morte, mais bien révélatrice de l'idée que se faisaient les Canadiens de l'époque de la place des Plaines d'Abraham dans l'histoire du monde anglophone:

> *Si le gouvernement du Royaume-Uni, ou de toute colonie autonome de l'Empire, verse une somme de pas moins de cent mille dollars pour les fins de la commission (du Parc des champs de bataille), tel gouvernement aura droit à la nomination d'un commissaire...*

Aucun des pays de l'Empire ne se prévalut jamais de cette offre. On les vit tous à Québec cependant, l'Inde exceptée, lors des extravagantes fêtes de 1908, sur le sol même des Plaines d'Abraham qui furent, sous le prétexte d'un anniversaire canadien, le théâtre d'une apothéose de l'Empire britannique.

Ainsi au lendemain du tricentenaire de Québec, les Plaines d'Abraham se trouvèrent transformées en un parc immense. Elles avaient été pacifiées pour ainsi dire. On ne parlait plus de la victoire des uns ni de la défaite des autres. La bataille des Plaines d'Abraham n'était désormais «qu'un fait de l'histoire du Canada», selon l'expression de Robert de Roquebrune. Les fleurs, les pelouses et les bosquets allaient désormais conférer une allure académique, touristique si l'on préfère, aux belliqueuses Plaines d'Abraham de jadis.

Aujourd'hui des plaques de bronze fixées à des bornes de pierre relatent les étapes et les péripéties de la bataille. On ne trouve rien de plus pour rappeler aux touristes motorisés qui parcourent ces lieux qu'ils roulent sur le site d'une bataille célèbre, sauf la colonne érigée à la mémoire du général Wolfe, laquelle se dresse maintenant au milieu d'un rond de fleurs, lui-même ceinturé de voies asphaltées. Même dans la conversation des Québécois, l'antique appellation des «Plaines d'Abraham», sous la-

Les chutes de la Chaudière, vers 1880.

quelle le lieu est connu à la grandeur du monde, tend à disparaître au profit de la nouvelle désignation du «parc des champs de bataille». Cela revient à remonter de l'espèce au genre car tout endroit où un combat s'est déroulé est un champ de bataille et on n'identifie en rien l'événement en désignant un endroit donné comme «le champ de bataille». «Un champ de bataille sans doute mais de quelle guerre s'agit-il?» Voilà ce qu'un nom doit révéler. Les Américains songeraient-ils à donner à *Valley Forge*, site du campement des troupes de Washington au cours de l'hiver de 1777-1778, le simple nom d'*encampment ground*? Il est à espérer que les Québécois parleront encore longtemps des Plaines d'Abraham.

Les vicissitudes du nom reflètent les vicissitudes du lieu. Au lendemain du traité de Paris, Québec se retrouvait avec un beau champ de bataille tout neuf, n'ayant servi qu'une fois, l'affaire d'un avant-midi à peine. Les militaires ne pouvaient rêver d'un meilleur arrangement: à l'intérieur des murs, la citadelle et les quartiers généraux avec la place de l'Esplanade pour les exercices quotidiens, communément appelés «la drill»; à l'extérieur, toute de suite au-delà de la porte Saint-Louis, le champ idéal pour les grandes manoeuvres, les combats simulés, les revues d'apparat. Québec possédait son champ de bataille à sa porte comme Rockefeller, son terrain de golf près de sa maison. Pendant plus d'un siècle on s'en donna à coeur joie avec de vrais généraux, de vrais régiments et un vrai ennemi potentiel, toujours susceptible de faire son apparition à l'ouest des Plaines d'Abraham ou sur les hauteurs de l'embouchure de la Chaudière, le Yankee redoutable qui avait succédé au Bostonnais du temps des Français.

A l'époque de la Confédération, on se rendit compte que la garnison, les sentinelles et les démonstrations militaires devenaient un jeu aussi coûteux qu'inutile. Québec était demeurée sur un pied de guerre alors que l'ennemi s'était en quelque sorte évanoui. Le négociation de traités avait remplacé les batailles rangées et l'énergie du géant américain avait cessé de se donner pour objet la conquête du Canada. Les vrais jeux succédèrent au jeu de la guerre. La Reine voulut bien qu'on aménage un *cricket field* là où s'élève aujourd'hui l'édifice de l'Assemblée nationale puis elle concéda un grand terrain au *skating club* un peu plus au sud, c'est-à-dire là où l'on voit aujourd'hui la Croix du Sacrifice, élevée à la mémoire d'hommes tombés au combat en des pays où la fâcheuse nécessité de la guerre était retournée après que les Européens l'eurent apportée en Amérique.

Si l'on veut se faire une idée juste de Québec au 19e siècle, c'est ainsi qu'il faut la voir. On ne peut pas plus la séparer de son champ de bataille que de sa citadelle et de ses vieux murs. L'élément militaire y joua un rôle plus grand, aussi grand en tout cas, que l'élément clérical et la singularité de cette ville où les pèlerinages patriotiques des Anglais aux Plaines d'Abraham le disputaient en importance aux pèlerinages religieux des Canadiens français et des Indiens à Sainte-Anne-de-Beaupré tient autant à l'un qu'à l'autre. On s'en rend compte à la lecture de *A Yankee in Canada* de David Henry Thoreau. Le sociologue américain visita Québec en 1850. «Je dus me frotter les yeux, écrit-il, pour être sûr que j'étais au 19e siècle». C'est la présence quasi universelle des militaires qui l'étonne le plus. Il poursuit:

> *Nous rencontrions continuellement des soldats dans les rues. C'est qu'il y avait un régiment de* Highlanders *et, paraît-il, du* Royal Irish *dans la ville. Du fleuve j'avais déjà aperçu, en levant les yeux vers les hauteurs, la tête et les épaules d'un quelconque général Poniatowski avec un énorme chapeau à cornes et un fusil, faisant le guet au niveau des toits, là où chez nous se trouve le rebord des cheminées, sorte de caricature de la guerre et de ses horreurs; mais il m'avait suffi de faire quelques pas sur la rue Saint-Louis pour trouver la clé de l'énigme grâce à l'apparition d'un* Highlander *en chair et en os sous son bicorne et avec ses genoux à l'air, en sentinelle et faisant les cent pas de la porte Saint-Louis à la porte Saint-Jean.*

L'époque des *Highlanders* sur les remparts de Québec est révolue. En revanche les tableaux émouvants de la grande épopée continueront longtemps à hanter l'imagination. En 1942 l'historien américain Henry Beston, dans son livre consacré au Saint-Laurent dans la série *The Rivers of America*, reprend une fois de plus l'héroïque récit:

> *Alors était venu un été final et désespéré, un mois d'août embrumé de la fumée de la campagne qui brûlait et un matin de septembre avec une rumeur imprévue et soudaine de bataille à l'ouest de la ville, sur les hauteurs. Quand les dernières salves de fusil et le grondement plus sourd de l'artillerie se furent éteints, le coeur d'un continent avait changé de mains et un nouveau drapeau flottait dans le vent.*

UNE AVENUE GRANDIOSE

Certains jours la brume qui flotte sur le fleuve Saint-Laurent semble détacher du sol le rocher de Québec et tenir en l'air comme dans une apparition les vieux remparts et leurs canons inutiles, l'immense palissade de la terrasse Dufferin et le bastion du Roi qui domine la citadelle.

Cette image entraîne l'imagination sur la voie de la fantaisie et dispose l'âme à la rêverie. Québec se dissocie alors de l'Amérique et justifie peut-être l'épithète de «médiévale» si souvent juxtaposée à son nom. Il suffira de compléter le tableau par la sonnerie des cloches, — à Québec «elles semblent sonner sans cesse», écrit Hugh MacLennan, — pour faire revivre les échos du passé et faire songer aux vieux pays. Dans les anciennes liturgies, on disait que les cloches s'envolaient à Rome; sur les bords du Saint-Laurent, c'étaient les esprits des hommes que les cloches entraînaient au-delà des océans, à Rome sans doute mais aussi dans les autres villes de l'Europe qui avaient un lien avec les riverains de ce fleuve d'un autre continent.

Car il faut bien reconnaître une chose: Québec n'appartient pas à la terre; Québec appartient à la mer. Cette ville n'a pas de territoire, elle n'a pas d'arrière-pays. En face d'elle, si on traverse le fleuve, on se retrouve presque aussitôt en plein pays sauvage. Littéralement Québec habite l'immense cours d'eau qui va des Grands Lacs où il prend sa source, jusqu'à l'océan Atlantique et de là aux ports d'Europe. A certains égards, Québec n'est pas de l'Amérique. Cela n'est pas vrai seulement les jours où par un jeu d'ombre et de lumière le rocher paraît coupé de sa base. Cela est une réalité vécue. Grâce à ce fleuve qui véhicule vers l'Europe les pensées des hommes autant que leurs navires, les familles établies au pied du cap Diamant sont liées davantage à l'ancien continent qu'elles ne le sont au nouveau.

C'est pourquoi la ville et le fleuve ont formé une alliance. «... la plus vaste, la plus grandiose avenue qui mène en Amérique», selon l'expression du géographe belge Jules Leclercq, fera de Québec un comptoir de l'Europe aussi longtemps qu'elle n'aura pas été intégrée au réseau de la civilisation américaine.

L'un offrira ses attraits à l'autre. Le fleuve offrira à la ville des aurores éblouissantes sur ce lac romantique qui va de l'île d'Orléans au cap Diamant et de la côte de Beauport aux falaises de Lévis, à l'heure où les feux de joie du soleil matinal se mirent dans l'eau calme. Il lui offrira les sentiers de lumière qui ajoutent à la couleur des crépuscules. L'écrivain canadien Sylva Clapin décrit ces «resplendissantes soirées pour lesquelles le pays est si justement renommé» et qui font accourir «le tout Québec» sur la terrasse Dufferin. C'est le printemps ou l'été, bien entendu:

> *A l'horizon, le soleil s'enfonce dans un embrasement de pourpre et d'or, allumant par toute la ville, aux flèches des églises, aux fenêtres des édifices, des lueurs rougeâtres d'incendie, et faisait miroiter au loin, sur le fleuve, comme une immense coulée de lave incandescente...*

Il lui offrira des pleins de lune insurpassables, comme il fut donné à un émigrant anglais du nom de Vernède d'en observer un du haut de la terrasse:

> *Ce que je vis de plus beau, ce fut la lune se lever derrière la pointe de Lévis. Cela commença à la hauteur des arbres et je crus tout d'abord qu'il s'agissait d'un feu de forêt. On ne voyait que du rouge-flamme qui s'étendait et s'étendait parmi les arbres. Soudain cela se mua en une boule ronde d'un*

orangé brillant, — ainsi je sus qu'il s'agissait de la lune bien avant qu'elle ne tournât à l'argenté, tout en haut, — et traça un chemin étincelant à travers le fleuve.

En retour Québec deviendra l'ornement principal de cette grande avenue austère qu'est le fleuve. L'écrivain canadien Dorothy Duncan signale qu'à partir de l'île d'Orléans le fleuve Saint-Laurent, se rétrécissant, revient à des proportions acceptables à l'imagination. Québec peut se dresser alors au fond de l'estuaire, affirmant aux yeux du voyageur la présence d'une civilisation issue de l'Europe d'où il vient. C'est le fleuve «amical» conduisant enfin à la ville-sentinelle, à la ville accueillante, à la ville qui marque la fin d'un voyage et d'un monde en même temps que le début d'une aventure nouvelle.

Susannah Moodie avait pleuré d'émotion à la vue de Québec:

L'escarpement auquel la ville s'agrippe se réfléchissait dans les eaux profondes, calmes, qui l'entourent à sa base... La riche et sereine clarté de ce jour d'automne s'harmonisait si parfaitement avec la grandeur solennelle de la scène et pénétrait mon âme avec tant d'intensité que mon esprit en fut comme ébranlé et je fondis en larmes.

Les gravures de l'époque nous aident à comprendre l'émotion de Susannah Moodie. Elles ne font que nous y aider à vrai dire car pour y arriver tout à fait, il faudrait éprouver l'état de tension et de fatigue des voyageurs, leurs appréhensions et leurs souffrances. Au moins elles nous présentent le hâvre de sécurité que devait être Québec pour ces pauvres gens après des semaines de navigation. La seule vue de ces mâts innombrables en rade de Québec devait leur être d'un grand réconfort. Car en mer on perdait tout contact humain, toute trace de la communauté autre que la promiscuité d'un habitacle dérisoire. Même lorsqu'on laissait l'Europe à trois ou quatre navires en même temps, on se perdait de vue dès le départ et lorsqu'on jetait l'ancre devant Québec à quelques heures d'intervalle à peine, on ne pouvait que faire l'étonnante constatation d'avoir navigué ensemble sans se voir.

Radeaux faisant route
vers Québec.
(W.H. Bartlett, 1842).

Les maisons de la basse-ville de Québec, chaleureusement serrées les unes contre les autres à l'abri de la montagne énorme du cap Diamant; les édifices publics, symboles de paix et d'ordre, veillant à son sommet; les murs de la citadelle; le va-et-vient sur le fleuve où se croisaient en tous sens embarcations, radeaux et voiliers de toutes dimensions; une garden-party sur la rive de Lévis; tout cela apparaît dans un dessin du capitaine Beaufoy, exécuté vers les années 1840 et intitulé *View of Quebec*. La conclusion, si l'on peut s'exprimer ainsi, de cette image, c'est que la

ville comprend le fleuve et que le fleuve est le grand boulevard
de la ville.

L'unité de la ville et du fleuve ressort également du célèbre
tableau de Robert Harris, *Les Pères de la Confédération*. Le
paysage qui, à travers les trois fenêtres vitrées de la salle des
délibérations, sert de toile de fond au tableau réunit les éléments
familiers à tous les Québécois: les toits à pignon des maisons

de la basse-ville, le fleuve et les grands voiliers de l'époque, les falaises et la pointe Lévy, les montagnes affaissées qui ferment l'horizon. En ce début d'octobre 1864, un groupe d'hommes politiques élaboraient péniblement la constitution du Canada, le regard tourné vers la voie fluviale qui unissait leurs provinces respectives. C'est avec une grande fierté sans doute que John A. Macdonald et George-Étienne Cartier, après avoir entraîné leurs collègues des Maritimes près des fenêtres, leur faisaient valoir l'activité du port non moins que la grandeur du paysage. Leurs conversations devaient porter sur la facilité des communications avec l'Europe, avec Londres, avec New York, avec le monde entier quoi!

Par le même chemin la pensée de chacun, nouveau venu ou voyageur, retournait vers son pays d'origine. Comment un Anglais bien né, debout sur les murs de la citadelle, n'aurait-il pas eu une pensée pour sa patrie, à l'instar de Charles Mackay? Celui-ci écrivait:

> *J'étais à peine à Québec depuis quelques heures que déjà je me tenais sur les murs de la citadelle, dominant le fleuve de la vertigineuse hauteur de trois cent cinquante pieds — l'étendard de la Grande-Bretagne au-dessus de ma tête, les soldats aux habits rouges de ma terre natale faisant leur ronde et me rappelant par leurs armes, leur uniforme, leur accoutrement, leur apparence et leur comportement, le cher vieux pays dont tant de milliers de milles me séparaient et dont je foulais le sol de la plus noble colonie.*

Comment un Français normal, à la vue d'un paquebot glissant sur les flots du Saint-Laurent, n'aurait-il pas lui aussi évoqué sa patrie? Le géologue français Pierre Termier, dans sa romantique description de l'*Esplanade de Québec*, parue dans le livre de ses souvenirs *A la Gloire de la Terre*, se reporte en pensée vers la France:

Le soir tombait sur le Saint-Laurent. L'esplanade de Québec, où nous nous promenions, tout en causant, s'animait de plus en plus et devenait bruyante, comme si la vie, quittant les quartiers voisins du port, refluait, avec la lumière, vers cette terrasse qui domine superbement le fleuve. On était au commencement de juillet, et la journée avait été éclatante et chaude... De nombreux bateaux glissaient sans bruit sur les eaux profondes et tranquilles. Un grand paquebot descendait le courant et s'éloignait à toute vitesse, évoquant à notre esprit l'Europe lointaine et la chère France...

Il est une habitude des Québécois que le déclin relatif de la navigation leur a fait perdre. Quand ils voulaient marquer de la considération à un personnage qui allait quitter la ville ou dont on

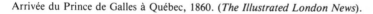

Arrivée du Prince de Galles à Québec, 1860. (*The Illustrated London News*).

annonçait l'arrivée à Québec, ils l'escortaient le plus loin possible sur le fleuve ou bien ils se portaient à sa rencontre en bateau.

Quand l'évêque Plessis rentra d'Europe après son voyage de 1819-1820, les principaux citoyens de Québec nolisèrent un bateau à vapeur, — ce qui devait être un grand luxe pour l'époque, — le *Car of Commerce*, alors considéré comme le roi du Saint-Laurent. Il faut lire le récit d'un contemporain décrivant la descente du navire jusqu'à Québec à partir de Trois-Rivières, où les Québécois étaient allés quérir leur évêque:

> *Le lendemain, seize août, de grand matin, le bateau à vapeur commençait sa marche triomphale vers Québec; sur le gaillard, des groupes nombreux se succédaient autour de l'évêque pour le voir et pour l'entendre; le canon répondait aux vives fusillades qui se renouvelaient à chaque village; sur les deux rives du fleuve un mouvement inaccoutumé témoignait de la part que prenaient les habitants à la joie commune. Entre les deux villes, le bateau à vapeur fut rejoint par un autre, qui était tout pavoisé et apportait une seconde députation de la capitale... Lorsque le canon annonça l'approche des deux bateaux à vapeur, d'immenses cris de joie retentirent de toutes parts: aux clameurs de la multitude et aux grondements du canon se joignirent les fanfares de la musique militaire du soixantième régiment et les sons joyeux de toutes les cloches de la ville.*

Il faut lire aussi le récit, sous la plume de lady Dufferin, du départ du gouverneur et de sa femme pour Ottawa en septembre 1872. Nous verrons qu'en cinquante ans les traditions de Québec, accueillante et cordiale, n'avaient pas changé:

> *Les rues étaient pavoisées de drapeaux et remplies de monde. A une intersection, les jeunes gens de l'université Laval s'approchèrent et cinquante d'entre eux m'offrirent chacun un bouquet si bien que je fus à demi enfouie sous les fleurs. Au quai nous trouvâmes presque toute la société réunie*

pour nous dire au revoir. Le maire lut une adresse. Nous serrâmes la main à tous et montâmes à bord. Toute la ville, jusqu'au sommet de la citadelle, était couverte de spectateurs et six steamers *chargés de monde nous accompagnèrent sur une distance de dix milles. A Cap Rouge, les* steamers *rebroussèrent chemin, chacun nous saluant et agitant son mouchoir... Pas étonnant que nous aimions Québec!*

Pendant de nombreuses années après les Dufferin, le fleuve continua de servir de grand boulevard. Ainsi, quand «le Banc et le Barreau» reçurent officiellement lord Russell de Killowen lors de sa visite à Québec, — c'était en 1896, — la réception eut lieu à bord du vapeur *Druid*, «que le gouvernement fédéral avait gracieusement mis à la disposition du Barreau», de préciser la chronique de l'événement. Le navire quitta la ville au cours de l'avant-midi avec les juges et presque tous les avocats du district à son bord et l'on amena de la sorte lord Russell en pèlerinage à Sainte-Anne-de-Beaupré. Au début de l'après-midi tous les invités regagnèrent le *Druid* et l'on prit place à table pendant que le bateau remontait vers Québec. Lord Russell voyait défiler les prés de Château-Richer, de l'Ange-Gardien, de Boischatel et de Beauport contre la ligne sombre des Laurentides; ses yeux suivaient le chapelet des maisons blanches qui liait ces beaux villages, on lui montrait la masse arrondie du cap Tourmente, le mont Sainte-Anne, les chutes Montmorency. Que ses dispositions aient été celles d'un pèlerin à la vue des ex-voto de la basilique et des marches de la *Scala Sancta* ou qu'elles aient été celles d'un touriste, le visiteur devait considérer comme des privilégiés du sort les habitants de Québec pour qui cette ravissante promenade était monnaie courante.

Ce pèlerinage à Sainte-Anne-de-Beaupré par la voie des flots, le fleuve l'offrait en effet aux petites gens comme aux sommités

Le grand boulevard de la ville... Le Saint-Laurent entre Québec et Lévis. (B. Beaufoy, 1850, Archives nationales du Québec).

internationales. Voici, par exemple, ce que raconte un brave religieux de passage à Québec en 1891 et dont le nom est d'autant plus oublié, si l'on peut dire, que personne ne sut jamais comment le prononcer exactement, le jésuite Charles Croonenberghs. C'était le six août:

> *Ce matin l'air était froid et vivifiant. Il avait la saveur âpre des montagnes et des grandes eaux. Des hauteurs de la ville nous descendîmes à travers les méandres des rues encore silencieuses de Québec, de Québec la française, la royale. Près du port il y avait une foule recueillie... Des dames, des messieurs, des jeunes gens et des jeunes filles et des vieilles filles aussi; des riches et des pauvres de la ville et des villages; les malades comme les alertes... Des bateaux à vapeur, reliés de conserve, côte à côte, emportent tout ce monde en fête, frais de simplicité, et radieux d'expansion. C'est la vieille France, belle et croyante comme aux grands jours...*

Un jour le dernier pèlerinage en bateau à Sainte-Anne-de-Beaupré eut lieu comme un jour le dernier pèlerinage à pied eut lieu. Mais on ne le sut pas. Les époques comme les hommes meurent discrètement. Ce fut peut-être le jour où l'incendie enleva l'église du pèlerinage bâtie en 1876, élevée au rang de basilique par le pape Léon XIII en 1889 et consacrée deux ans plus tard, toutes dettes payées, par le cardinal Taschereau. C'était une jolie église rurale, un peu plus ambitieuse que les autres de ce temps-là, avec une rosace, un portail à colonnes, une façade flanquée de deux tours munies de fenêtres en ogive et surmontées de lanternes. On l'avait construite près du fleuve car elle dépendait de lui. N'était-ce pas la foi des marins qui avait amené sainte Anne à Beaupré? Une large allée de cailloux ronds allait de la basilique jusqu'au rivage et c'est par là que venait la troupe des pèlerins, précédés des enfants de chœur poussant leurs bannières contre le vent.

Au 20e siècle, les Québécois n'escortèrent plus en bateau les grands personnages, — de plus en plus rares, hélas! — qui venaient chez eux par la voie du fleuve. Cela n'était plus possible puisqu'ils s'amenaient désormais sur de puissants transatlantiques hors de proportion avec les modestes bateaux du port. Mais l'on continua longtemps de voir glisser sur les flots, par les beaux soirs d'été, les *Empress* blancs du Pacifique Canadien et les *bateaux* du Saguenay de la Canada Steamship Lines, tout illuminés. On enviait les favoris de la fortune qui passaient en Europe ou s'accordaient une croisière à bord du *Richelieu* avec escale à La Malbaie et à Tadoussac. Cependant, ici encore, les petites gens y trouvaient leur compte et, pour quelques dollars, la compagnie Canada Steamship Line les amenait «en excursion» à La Malbaie le dimanche matin et les en ramenait le soir.

Tout un folklore demeure attaché à la vie du fleuve. Quand un visiteur éminent débarquait à Québec, les officiels et les notables de la ville se groupaient sur le quai pour l'accueillir. Les spectateurs se massaient sur la terrasse Dufferin, toute parée de drapeaux, *in a welcoming mood*. A l'arrière-plan, la citadelle et le bastion du Roi. Cela faisait une mise en scène extraordinairement spectaculaire. On s'explique facilement le mot du cardinal Vannutelli, légat pontifical au Congrès eucharistique de Montréal de 1910. Quand, au moment de son départ pour l'Europe, on lui demanda quelle circonstance de son voyage au Canada lui avait causé la plus forte impression, il répondit: «Ce fut mon arrivée à Québec!» Et quelles manifestations exubérantes! Des adresses officielles, des pièces de fanfare, des présentations. Quand un groupe de cardinaux et d'évêques français, en route pour le Congrès eucharistique de Chicago de 1926, mirent pied à terre à Québec, la fanfare entonna *la Marseillaise*. L'évêque du diocèse présenta ensuite à la délégation française le représentant du lieutenant-gouverneur, un ministre du gouvernement, le maire de la ville et les échevins, le recteur de l'université, le consul de France et le commandant des zouaves pontificaux, ce dernier un vigoureux vieillard de quatre-vingt-six ans, authentique survivant des défenseurs du pape Pie IX. Les cardinaux lui donnèrent l'accolade. Il est facile d'imaginer l'effervescence et l'émotion que de pareilles rencontres pouvaient créer tant chez les acteurs de ces scènes que dans la foule. Et quand les hôtes de Québec, pour la millième fois de son histoire, gravissaient la côte de la Montagne, les sirènes des navires, les cloches des églises, la musique des fanfares et les vivats de la foule créaient, dans l'étonnant décor du cap Diamant, une fête à la mesure du paysage.

Ces démonstrations chaleureuses sont choses du passé. Plessis, Dufferin, Russell de Killowen, Vannutelli n'ont pas de remplaçants. Le grand fleuve roule désormais ses flots devant un théâtre que les acteurs ont déserté.

Sont également choses du passé les pittoresques chemins aménagés sur le fleuve en plein hiver et le terrain de jeux que la glace solide comme le roc offrait aux riverains! Quand les habitants de Québec utilisèrent-ils pour la première fois le «pont de glace»? cela n'est enregistré nulle part. Ce qu'on en sait vient de la tradition locale. Un témoin aussi ancien que George Heriot, maître de poste général pour l'Amérique du Nord britannique, qui publia ses *Travels through the Canadas* en 1807, en parle déjà comme d'une sorte d'institution.   Voici comment il le décrit:

> *Le panorama d'hiver amuse fort les étrangers, spécialement lorsque la glace prend ferme sur le grand fleuve entre Québec et la rive opposée de Lévis, situation qui dépend plus du hasard que de l'intensité du froid. Quand la glace a bien pris et qu'elle reste en place, les Canadiens l'appellent le* pont*, lequel ne sert pas seulement aux habitants des paroisses avoisinantes de la rive sud pour apporter leurs produits au marché mais aux citoyens de la ville tout aussi bien en leur procurant un territoire immense pour l'agrément et l'exercice car ils ne cessent de conduire leurs chevaux et leurs carrioles sur la surface solide du cours d'eau.*

Le substantif utilisé par les Québécois pour désigner le territoire additionnel que l'hiver leur valait fraya rapidement son chemin dans le vocabulaire des nombreux Anglais de la ville. Les Archives du Canada gardent une jolie aquarelle de l'époque, montrant les ébats de badauds sur la glace, intitulée «*The Ice Pont*».

Le terrain de jeu que la glace offrait aux riverains. (Archives nationale du Québec).

Dommage que les intellectuels de la haute-ville n'aient pas été en même temps des sportifs! Quelles descriptions enthousiastes ils auraient fournies à leurs descendants! En 1859 par exemple, les patineurs pouvaient non seulement s'élancer d'un côté à l'autre du fleuve mais se rendre aussi loin que New Liverpool, petite localité de la rive sud, sise près de l'actuel pont de Québec. D'après George Gale, l'historien de Québec, le pont de glace se répéta jusqu'en 1898. En 1864 la nièce du gouverneur Monck, en visite au Canada, expliquait à une correspondante qu'on avait aménagé cinq routes sur le fleuve, balisées de sapins pour en marquer le tracé. Ces balises servaient à empêcher les voitures de se lancer dans la neige molle car il importait de rester là où la neige avait été hersée et roulée.

La rupture du pont de glace était un événement attendu, sans doute parce qu'il signifiait la fin de l'hiver mais aussi parce qu'il constituait un spectacle inusité. Cela se produisait vers la mi-avril. La glace se rompait au milieu du fleuve et les morceaux

Le cap Tourmente. (Fred B. Schell, 1882).

qui s'en détachaient partaient à la dérive. Cela s'opérait lentement. Comme par miracle la belle eau bleue apparaissait sous les masses inertes que le courant entraînait.

> *… spectacle extrêmement curieux que la désintégration de ce pont immense qui avait porté des centaines de personnes pendant trois mois,*

signale la jeune Frances O. Monck, qui ne manquait jamais de courir partout où les galants officiers de l'état-major du gouverneur, son oncle, l'entraînaient. Ces beaux messieurs et ces belles dames s'amusaient ferme à Québec. «Quelle horreur qu'un hiver anglais après un hiver canadien!» soupirait la pétulante Frances.

Ni les «traversiers» qui font la navette hiver comme été entre Québec et Lévis, ni les brise-glace qui gardent le Saint-Laurent pour les navires ne savent à quelle joyeuse époque ils ont mis fin. Il ne reste plus qu'à s'asseoir à la fenêtre et, avec l'écrivain français Maurice Genevoix, à rester penché pendant des heures sur le spectacle du fleuve:

*Le flot, énorme et lisse, est comme glacé d'une étrange clar-
té sombre. Il charrie des trains de glaçons, dont la blancheur
livide et mate retient pourtant moins la lumière que les eaux
couleur de plomb. Deux ferry-boats y poussent leur étrave,
s'y enfoncent dans un long froissement, les divisent, lentement dérivant au gré du courant qui dévale, de la marée qui
le soulève obscurément. Ils se croisent, blocs de fer trapus
sous leur panache fuligineux. Et, tandis qu'au-dessous de
moi, l'un d'eux accoste en virant sur son erre, l'autre, lent
et têtu, continue de labourer les glaces et de frayer sa route,
là-bas, vers la falaise de Lévis que festonnent de longues
stries neigeuses. A gauche, dès les limites de la ville, l'estuaire s'éploie, immense et magnifique. Là-bas confluent la
rivière Saint-Charles, un peu plus loin la rivière Montmorency, dont la chute écumeuse balafre la falaise entr'ouverte. L'île d'Orléans, elle aussi blanche et noire, se soulève à
demi sur la platitude de l'estuaire. Et derrière l'île les eaux
se rejoignent, se confondent, s'élargissent toujours davantage dans la brume grise de l'infini marin.*

Ce géant parmi les fleuves d'Amérique qu'est le Saint-Laurent
cache en ses flots silencieux le souvenir d'actions glorieuses et de
gestes touchants. Quand ses eaux se pressent entre les falaises de
Lévis et celles du cap Diamant, venant de cataractes du Niagara et des profondeurs de l'Outaouais, elles se mettent en quelque sorte au garde à vous, — si l'on peut s'imaginer ce genre de
chose! — elles saluent à leur manière le rocher immobile et les
paroles que celui-ci lui glisse, à la manière d'un général qui
reconnaît dans le rang un vieux compagnon d'armes, ces paroles
sont toutes simples: «Ici même, après être restés indifférents l'un
à l'autre pendant des millénaires, nous avons accompli ensemble
une histoire qui s'écrit dans les livres des hommes!»

ÉTÉ ITALIEN — HIVER RUSSE

A Québec, selon qu'on est en hiver ou en été, on dirait qu'il s'agit de deux pays différents.

> *L'hiver, quand tout le monde de Québec est désoeuvré et que la navigation au Canada et le commerce à Québec sont pris dans la glace, les bals au Château, les réunions en ville, les pique-niques et les parties de famille se succèdent. L'été les gens s'habillent comme à la Jamaïque; l'hiver les hommes autant que les femmes veulent se couvrir de manchons, de pèlerines, de bonnets et de paletots de fourrure comme s'ils étaient à Saint-Pétersbourg. Québec, on peut le dire, a un été italien et un hiver russe.*

Telles sont les observations de l'Anglais John McGregor.

A vrai dire le climat du Canada a toujours passé pour un climat tempéré mais, tel qu'il se manifeste à Québec, il se signale avant tout par un violent contraste entre les attraits de l'été et les rigueurs de l'hiver. Ces deux saisons s'y livrent un combat farouche si bien que le printemps et l'automne sont virtuellement éliminés du cycle des saisons. On passe de l'hiver à l'été sans transition. A Québec, comme le fait remarquer James Buckingham, un autre Anglais à qui on doit un livre, publié en 1843, sur les provinces britanniques de l'Amérique du Nord,

> *En mai les neiges commencent à fondre, les gelées à s'interrompre, et en juin l'été éclate en pleine maturité, presque sans l'intervalle du printemps. Sa brièveté exige cependant que la chaleur soit grande, car sans cela les grains et les fruits de la terre ne pourraient mûrir.*

La forêt canadienne
en hiver. (De Lorne, 1885).

L'automne est tout aussi bref. Il conserve d'ailleurs le nom d'été
quand viennent les jours délicieux de l'*été des Indiens*. La nature
exécute alors son chant du cygne et l'on est toujours étonné,
d'une année à l'autre, de la douceur de cette période d'adieu.
Mais quand la brise glaciale d'octobre agite les érables et les
ormes et arrache leur feuillage multicolore, alors c'est déjà l'hiver dans toute sa rigueur, sans rémission, un hiver qui s'installe

pour plus de six mois. L'Anglais John Lambert, qui visita l'Amérique au cours des années 1806, 1807 et 1808, lui alloue une durée de sept mois. Au chapitre des *fléaux du Canada*, il écrit:

> *Le printemps, l'été et l'automne du Canada tiennent tous en ces cinq mois [mai, juin, juillet, août, septembre]. Le reste de l'année, on peut dire que c'est vraiment l'hiver.*

> *Parfois octobre ne manque pas d'agrément; mais alors la nature a déjà revêtu son manteau sombre et les rafales cinglantes du nord-ouest préparent les Canadiens à l'approche de la neige et de la glace.*

Chaque année Québec passe ainsi d'un extrême à l'autre. Cela se produit en l'espace de quelques heures. Louis Hémon, qui avait pourtant débarqué à Québec en octobre, s'y était trouvé comme en été. Il adressa chez lui ce bulletin de voyage:

> *... Mer à peu près aussi redoutable que la Seine au pont des Arts.*

En revanche le géographe belge Jules Leclercq, venu passer *Un Été en Amérique*, se plaint d'avoir été en quelque sorte assailli par le froid:

> *Québec n'a pas, comme Naples, un ciel en harmonie avec la beauté de son site: bien que cette ville soit sous la même latitude que Nantes, son climat est celui de Christiania et de Moscou. A peine y étais-je arrivé, que la froide bise du nord m'a mordu à la gorge comme une bête fauve. J'en fus réduit à sortir de ma malle mes vêtements d'hiver que j'y avais laissés dormir depuis deux mois: mais je me hâte d'ajouter qu'après les chaleurs sans exemple des jours précédents, cette nouvelle température me parut une vraie bénédiction.*

C'est une question débattue de savoir qui, des Québécois ou de leurs hôtes, résistent le mieux aux sautes d'humeur de la nature. Lambert cherche à réfuter l'opinion des Québécois là-dessus:

> *Ils tendent à exagérer la rigueur de leurs hivers aux yeux des étrangers; et quand je fis observer à plusieurs d'entre eux que ni le froid ni la quantité de neige et de glace n'atteignaient ce à quoi je m'attendais, ils répliquèrent que les hivers étaient maintenant plus doux que jadis... Les Canadiens à vrai dire se ressentent du froid plus que les Européens à leur premier voyage. L'usage constant des poêles les*

rend à peine meilleurs durant l'hiver que les plantes domes-
tiques qu'il faut tenir au chaud...

Buckingham ne partage pas cet avis:

Le climat de Québec embrasse les deux extrêmes du chaud
et du froid et, pour les étrangers, il doit être bien pénible à
leur constitution.

Que le froid soit plus ou moins rigoureux, qu'il tombe plus ou
moins de neige, cela varie d'année en année. Chose certaine,
l'hiver est toujours long et l'été, ardemment désiré. En 1828, par
exemple, les gens crurent que les mécanismes de la nature
s'étaient enrayés et qu'ils auraient «deux saisons froides au lieu
d'une», selon l'expression d'un chroniqueur. Mais «il n'est si
grand jour qui ne vienne à vêpres», poursuit-il. Une bonne pluie
finit par tomber en soirée et le lendemain Québec se retrouva
sous un ciel tropical «sans l'intermédiaire du printemps». Aussitôt quel remue-ménage!

Au remisage les fourrures et les lainages — au rancart les
sleighs *et les* carrioles *— la neige fondue coulait dans les*
gouttières et les dalots — les ruisseaux s'emparaient des
rues. Les pantalons blancs et les chapeaux reprirent leur
pouvoir — les dîners, les danses et les clubs de whist furent
prorogés et les fenêtres doubles, retournées ruminer au gre-
nier. Bientôt les grandes voiles blanches vinrent par trente
et quarante par jour et le commerce aux cent mains s'affai-
ra sur les quais et dans les rues.

Ainsi Québec est la ville aux deux saisons.

Il y a l'hiver, dont on a beaucoup médit et qu'on a peut-être
calomnié. L'écrivain canadien Katherine Hale, qui n'a pas hésité
à classer Québec au premier rang de ses *Canadian Cities of Ro-*
mance, nous le dépeint avec faveur:

Il est charmant d'y arriver par un crépuscule d'hiver à l'heu-
re où le soleil couchant donne sur le pointe de Lévis... La
lumière rosée sur Lévis se muait en un cramoisi profond, un

A Beauport, près de Québec, 1880. (*Picturesque Canada*).

dernier reflet touchait les Laurentides et loin au-delà du fleuve les étoiles électriques des maisons fleurissaient. C'était, dans un lieu familier, la découverte soudaine d'un sortilège nouveau. Québec au milieu de l'hiver, coupée de sa navigation, revêt une allure médiévale...

Il y a l'été, qui monopolise en quelques semaines toutes les tendresses de la nature. Nul n'a mieux parlé de l'été à Québec qu'un militaire anglais de carrière, le capitaine William Francis Butler. *The Great Lone Land*, comme il appelle le Canada, c'est

Québec autant que les Prairies ou la côte de l'Ouest. Butler décrit à ses lecteurs la fuite de l'hiver:

Quand les jeunes arbres commencent à ouvrir leurs bourgeons après le long sommeil de l'hiver, ils le font en vitesse. La neige n'est pas toute partie que déjà les érables ont verdi... Cependant la ligne immense des Canadas entraîne une variation dans le printemps. Quand les arbres sont verts au lac St. Clair, ils bourgeonnent à peine à Kingston, ils n'ont point de feuilles à Montréal, et Québec est blanche de neige. Même entre Montréal et Québec, l'affaire d'une nuit brève en steamer, *il faut compter dix jours de différence pour le début de l'été. Mais quand l'été est à Québec, il y est de la manière la plus délicieuse et la plus attachante comme s'il voulait se faire pardonner son retard à bannir du paysage la froide tyrannie de l'hiver. Et avec quel amour tout le visage de la plaine, du fleuve, des lacs et des montagnes se détourne-t-il de la poigne de fer de l'hiver glacial pour baiser les lèvres parfumées de l'été retrouvé et pour accepter le présent nuptial du soleil et de la pluie!*

Une année de Québec avec son été et son hiver, c'est comme une journée d'homme avec le jour et la nuit. Un phénomène curieux se produit ici. De même que l'homme vaque à ses occupations le jour et prend sommeil la nuit, de même l'alternance de l'été et de l'hiver sur le rocher de Québec se manifeste par une concentration correspondante d'événements et de manifestations au cours des mois rapidement écoulés de «la belle saison». Car à Québec tout doit se dérouler durant la saison de la navigation. On n'imagine pas la fondation de Québec le premier décembre 1608! On n'imagine pas la bataille des Plaines d'Abraham le premier décembre 1759! Et si les généraux Arnold et Montgomery avaient eu la sagesse d'attendre à l'été de 1776 pour investir la place, une seconde bataille des Plaines d'Abraham aurait probablement fait perdre à l'Angleterre ce que la première lui avait procuré et aurait converti les provinces canadiennes en autant d'états américains. Ce que l'été de 1759 valut aux Anglais, l'hiver de 1775 en priva les Américains.

Les anniversaires des grands événements de l'histoire et les célébrations qui les accompagnent ont forcément lieu au cours de l'été puisque l'hiver n'est jamais le temps des fondations ni des batailles ni de l'arrivée des grands personnages. L'histoire de Québec ressemble à la *time-propriété* moderne où l'on partage l'usage d'un appartement en autant de propriétaires qu'il y a de mois dans l'année. Au mois de juin appartiennent l'arrivée de l'évêque François de Montmorency-Laval et celle du régiment de Carignan; au mois de juillet, la découverte du Canada et la fondation de Québec; au mois d'août, l'arrivée des Ursulines et des Hospitalières de Saint-Augustin; au mois de septembre, la bataille des Plaines d'Abraham et celle de Sainte-Foy; au mois d'octobre, l'échec de Phipps devant Québec et la réplique de Frontenac à son envoyé: «Allez dire à votre maître que je lui répondrai par la bouche de mes canons!» Et ce régime de se poursuivre au 19e siècle. C'est en juillet que l'évêque Joseph-Octave Plessis, «après s'être recommandé à Dieu en prenant congé de sa cathédrale», s'embarque pour l'Europe en vue d'une mission qui aura sur sa ville et son pays des répercussions historiques. C'est en juin que le jeune député Wilfrid Laurier, déjà désigné par l'opinion comme le futur chef du parti libéral au Canada, prononce à Québec son discours célèbre sur le libéralisme politique. C'est en octobre que se déroule la Conférence de Québec, de laquelle allait sortir la Confédération canadienne.

N'y a-t-il pas jusqu'aux saints du martyrologe qui sont à Québec des saints d'été? — Le plus ancien, le plus illustre, celui qui a prêté son nom à d'innombrables Canadiens français, saint Jean-Baptiste, dont la fête est célébrée le 24 juin; la plus connue des saintes, la plus sollicitée parce qu'en elle les fidèles ont le plus confiance, la chère grand-mère de l'Amérique, abritée sous le rebord du bouclier canadien comme si elle ne touchait au continent que du bout du doigt, sainte Anne, dont la fête est célébrée le 26 juillet; l'ancêtre mystique des martyrs d'Amérique et de tous les chrétiens qui ont vu le continent comme le théâtre d'une nouvelle chrétienté, celui qui a donné son nom au grand fleuve, saint Laurent, dont la fête est célébrée le 10 août; le soldat de Dieu, l'ange tutélaire d'un autre rocher gris ceinturé d'une muraille, au large de cette Normandie qui était la patrie des aïeux, saint Michel, dont la fête est célébrée le 29 septembre.

L'été Québec vit ses heures solennelles et ses moments d'exubérance. L'été Québec inaugure ses monuments, qu'elle érige en grand nombre et dont H.V. Morton, à tort ou à raison, s'amuse quelque peu:

> *Dans Québec, que je me rappellerai toujours comme la ville aux statues extraordinairement actives, chaque rue ou presque a son guerrier allongeant le bras ou la jambe, haletant, ou rendant l'âme à genoux, ou bien en train de crier dans une extase de leadership, tous s'adressant aux passants avec verve et enthousiasme et force gestes. Si Don Quichotte avait visité Québec, il n'aurait pas cessé de se battre en duel contre les illustres disparus... Même les politiciens à Québec apparaissent charitablement en train de faire quelque chose... Ou ils sont à faire des discours ou ils sont à signer des traités, secondés par les personnages gambadants et volants de la Foi, de l'Espérance et de la Victoire.*

Ces observations contiennent une certaine part de vérité. Raoul Blanchard avait déjà noté que la haute-ville de Québec lui apparaissait un peu comme «un musée bourré de monuments». Il est indéniable qu'on en trouve une collection impressionnante dans le secteur de la vieille ville et que leurs personnages, pourtant figés dans la pierre et le bronze, sont loin d'afficher la placidité des gravures et des photos officielles: Honoré Mercier, le premier ministre de la province au temps de l'affaire Riel, s'élance dans une envolée oratoire; l'historien F.-X. Garneau a l'air de donner un cours, les tomes de son *Histoire du Canada* empilés près de lui; Montcalm expire dans les bras d'un ange; le colonel de Salaberry, le héros de Châteauguay, se précipite à l'attaque le sabre au poing; le père de Brébeuf brandit la croix au-delà de l'arcade qui l'abrite.

Pas moins de vingt-deux statues meublent la façade du palais législatif de Québec. Elles créent un ensemble, harmonieux par le style mais disparate par ailleurs, qui illustre bien les heurts, les ambitions, les tentatives, — les contrastes pour tout dire, — dont l'histoire et la physionomie de Québec sont faites. On y voit des hommes et des femmes, des civils et des militaires, des ecclésiastiques et des laïcs, des confesseurs et des martyrs, des parlementaires et des explorateurs, des ennemis et des alliés, des Français, des Anglais, des Canadiens; on y retrouve les associations historiques de Laval et Frontenac, Wolfe et Montcalm, Lafontaine et Baldwin; on y découvre même un prêtre de Saint-Sulpice, à Paris, qui de toute sa vie ne mit jamais les pieds au Canada. Au souvenir de tous ces héros qui, du rocher de Québec, dominent le Saint-Laurent, on a envie de s'exclamer avec Henry Beston:

> *Quel immense conflit d'hommes et de nations, de poursuites rivales, d'espoirs et de concepts de vie s'était manifesté au-dessus de ces flots!*

Le monument le plus curieux de Québec, bien qu'on en fasse peu mention, est celui de Louis Hébert, le premier agriculteur canadien. Il se dressait en face de l'hôtel de ville, — avant qu'on ne le transporte au parc Montmorency sur la rue des Remparts, — donc au sommet du rocher de Québec. Hébert y est montré tendant vers le ciel une gerbe de blé. C'est là un geste bien légitime sans doute, bien en harmonie avec la mystique que les Québécois ont toujours prêtée aux pionniers de la Nouvelle-France. A la réflexion cependant ce geste surprend. On s'étonne tout d'abord de trouver au faîte d'une montagne un monument à la gloire d'un agriculteur. On s'étonne aussi de cet hommage à la vie pastorale dans une ville de militaires, de clergé, de petits marchands et d'aventuriers. Les Québécois du 19e siècle semblent n'avoir jamais établi l'évaluation des ressources agricoles

Sainte-Anne-de-Beaupré, 1880. (*Picturesque Canada*).

de leur territoire ni les répercussions de leur climat sur la culture. Avant eux les Français ne l'avaient pas fait davantage. Il est curieux qu'on ait obstinément parlé d'agriculture à Québec, dans un contexte géographique qui y opposait de si fortes contre-indications. Dans un ouvrage destiné aux «émigrants et capitalistes» et publié en 1836, l'Anglais John Galt signalait l'opposition radicale de Montréal et de Québec sous ce rapport:

> *Le paysage, d'un côté du fleuve comme de l'autre, n'est pas seulement grandiose et impressionnant, en particulier le long de la côte nord, mais en bien des endroits il déploie une splendeur sans rivale sur le continent occidental. Cependant l'ensemble de cette frontière extérieure du territoire canadien présente, en raison de son caractère montagneux et pittoresque, un parfait contraste non seulement avec les champs bien plans et les vergers en fleurs de la riche seigneurie de Montréal, plus haut sur le fleuve, mais avec les étendues encore plus fertiles et bien réparties qui bordent le lac Érié, etc., dans la Haute province.*

C'est au coeur de la grande prairie qu'il convenait d'offrir au Seigneur une gerbe de blé. Les Québécois auraient dû passer la statue de Louis Hébert à la ville de Regina.

Par la force des choses l'été à Québec accapara donc les événements et les célébrations. Mais, à défaut de tableaux grandioses, l'hiver y aura tout de même inspiré de fort jolies images. Rappelons, à titre d'exemple, le souvenir du peintre Horatio Walker. Installé à l'extrême pointe de l'île d'Orléans, en la paroisse de Sainte-Pétronille, témoin quotidien du jeu des saisons et de la lumière sur le rocher de Québec, Walker peignit de belles scènes d'hiver comme *Provision de Glace* et *Un Coin de Sainte-Pétronille*. Il aimait dire:

> *Je vis au milieu de toutes sortes d'ennuis, prisonnier de la neige sur l'île d'Orléans déserte, mais je ne peux me détacher des merveilles de Québec en hiver.*

Un club de raquetteurs. (De Lorne, 1885).

L'hiver, c'est aussi cette toile lumineuse de Clarence Gagnon, *Le Pont de Glace*, où dans la lumière du soleil levant une file de braves campagnards fait route vers les falaises blanches du cap Diamant en suivant le chemin balisé qui serpente à travers les glaces; et par contraste cette *Scène de Rue à Québec* où la lumière mystérieuse de la nuit touche la neige qui recouvre la longue pente d'un toit. Québec l'hiver, ce sont les toiles de Maurice Cullen, de James Wilson Morrice et de nombreux peintres que les lignes inusitées et le relief capricieux de la vieille capitale, modifiés par les effets de neige et soumis à la claire lumière du froid, n'ont jamais cessé de fasciner.

Si l'on consulte les Québécois, l'on découvre qu'ils s'accommodent assez bien de l'alternance fortement prononcée des saisons. Durant la saison froide ils aiment se rappeler les jours heureux de l'été. Passé le cap du solstice d'hiver, ils observent avec satisfaction la lumière gagner graduellement sur l'obscurité. «Les jours rallongent!» ils ont cette exclamation joyeuse. Dès la mi-février le gain est déjà appréciable. Tandis que les nuits de décembre commençaient dès quatre heures de l'après-midi, voici que la clarté subsiste jusqu'au souper. Ils vivent dans l'allégresse de cette conquête quotidienne jusqu'à la victoire finale que le mois de juin apporte, alors que le canon de la citadelle, déchargé chaque soir à 21.30 heures précises, dépasse à peine la fin du jour.

En revanche la pluie et le vent leur sont absolument insupportables et jamais, en aucune saison ni en aucun texte, ils n'en parlent avec faveur. L'hiver sain, tonifiant, qui vous frotte les joues, l'hiver aux bancs de neige spectaculaires, l'hiver des nuits de Noël, l'hiver de certaines journées radieuses de février et de mars, ils l'acceptent volontiers en définitive. A l'occasion ils en parleront avec une certaine fierté. Mais pour les averses et le nordet, — ce vent qui s'engouffre dans l'estuaire du fleuve, heurte en plein front le cap Diamant et enfile la vallée de la rivière Saint-Charles, — ils n'auront jamais un bon mot. Un Québécois de vieille souche comme l'ancien premier ministre

Pierre J.O. Chauveau, — le chef du premier cabinet des ministres à Québec sous la Confédération, — parle du nordet comme d'«un véritable fléau». Chauveau se piquait de littérature. Il avait publié en 1853 un «roman de moeurs canadiennes» intitulé *Charles Guérin*, du nom de son héros. Après avoir dénoncé le vent qui promène d'un bout à l'autre du pays les brumes du golfe Saint-Laurent, l'auteur ajoute assez naïvement: «Le golfe en contient un inépuisable réservoir». Il faut bien admettre que la réalité répond assez bien à cette hypothèse. Quand les Québécois, jour après jour, voient défiler des contingents de nuages, quand le ciel demeure gris au-dessus de leur tête pendant toute une semaine, alors ils n'en peuvent plus. Quand la pluie, le vent, la brume se prolongeaient, les gens disaient que c'était une «neuvaine de mauvais temps», expression empruntée de toute évidence à leurs habitudes religieuses.

Le Québécois à vitupérer le plus férocement contre le mauvais temps demeure Arthur Buies. C'était un homme intrépide et fantasque. Né près de Montréal un peu avant le milieu du siècle, — le 19e, — il mena une vie étrange et animée. En 1856 on le trouve en Guyane anglaise, d'où il passe à Dublin puis à Paris. En 1859 le voici en Italie où il combat avec les troupes de Garibaldi. Rentré au Canada, il s'inscrit au barreau mais, plutôt que d'exercer la profession d'avocat, il se lance dans le journalisme. Il fonde successivement deux journaux, *La Lanterne* et *Le Réveil*. Ces titres nous révèlent sa mentalité. Il était si férocement anti-clérical, — une singulière discordance à Québec, — que ses publications encoururent la condamnation canonique de la part de l'évêque. Déjà les hivers l'accablaient mais les pluies le mettaient hors de lui. Dans l'une de ses *Chroniques*, il écrit:

> *Je suis inondé, submergé, coulé. Ce ne sont plus des averses, ce sont des cataractes qui tombent des nues... S'il n'y avait que de l'eau encore! mais les rues sont des marais... On enfonce, on est englouti.*

La côte de la fabrique en hiver, 1880. (*Picturesque Canada*).

Dans une autre chronique il écrit:

> *Dans Québec il y a une rue où l'on fait des affaires; cette rue a six arpents de long et quinze pieds de largeur; après une forte pluie, les gens se parlent d'une rive à l'autre parce que l'usage des canots portatifs n'est pas encore introduit dans la capitale.*

Il ne peste pas moins contre «l'infatigable nord-est», «véritable institution», «immuable», «indestructible».

Ces termes dépeignent bien la réalité. Québec est un pays où le temps s'emporte et dont les habitants ne connaissent jamais bien longtemps le calme ni la douceur de vivre.

John Lambert décrit avec réalisme un orage électrique dont il fut témoin à Québec. Ce fut la plus violente combinaison de tonnerre, d'éclairs et de pluie qu'il eût jamais vue. L'orage dura douze heures d'affilée. L'atmosphère était lourde, les éclairs et les coups de tonnerre se succédaient en même temps que les averses. A la nuit les éclairs parurent gagner en puissance. Par moments ils illuminaient le firmament à la grandeur en y traçant comme des fourchettes hallucinantes. Le tonnerre roulait ses coups longs et fracassants au-dessus des montagnes. La nature paraissait en voie de se détruire elle-même. Comme une soixantaine de navires étaient à l'ancre sur le fleuve, Lambert s'inquiétait beaucoup à leur sujet. De la maison où il logeait, au pied du cap Diamant, il put assister au spectacle sublime et terrifiant à la fois, dont les campagnes de la rive sud, l'île d'Orléans et les montagnes au-delà de Beauport formaient le théâtre.

Toutes les générations de Québécois ont connu ces violences de la nature. Il n'est pas d'été où quelque orage à l'emporte-pièce ne vienne pétrifier les humains ni d'hiver où quelque tempête n'ensevelisse la ville sous un amoncellement incroyable de neige. Rien n'indique que la nature se soit livrée à de tels excès en 1864, lors de la Conférence de Québec. Mais il est certain qu'il faisait un temps désolant. Quand ils furent en vue de la ville, un violent orage de pluie et de neige accueillit les délégués des Mari-

Arrivée de délégués à la conférence de Québec.

times qui étaient montés à bord du *Queen Victoria* pour venir à Québec. Le *steamer* dut ralentir sa course à l'extrême. Dans la lumière du soir les visiteurs se rendirent compte que la ville et la campagne avoisinante étaient déjà saupoudrées de neige. On n'était qu'au début d'octobre. Pendant les quinze jours que dura la conférence, la pluie tomba presque sans interruption. Autant il avait fait beau à Charlottetown, autant il ventait et il pleuvait à Québec. Malgré la beauté du site où les discussions se poursuivaient, sur le bord du cap Diamant, Québec n'avait pas de quoi conquérir ses visiteurs. Le mauvais temps risquait même de compromettre les résultats de la conférence en démoralisant les délégués et les membres de leurs familles. «Le soleil n'a pas paru deux heures depuis notre arrivée», disait l'un. «Jamais je n'ai vu un endroit pareil», disait l'autre. «Il pleut, il pleut tous les jours», écrivait le correspondant de *La Minerve*, journal de Montréal. Comme un historien l'a fait remarquer, la Conférence de Québec se déroula dans la pluie, la giboulée et la boue. Les délégués s'étaient rencontrés à l'hôtel Russell dimanche le 9 octobre; les nuages commencèrent à se dissiper au début de la semaine suivante. Québec avait connu une autre «neuvaine de mauvais temps».

Une fort mauvaise neuvaine d'ailleurs. Car le deuxième jour de la conférence, le 11 octobre 1864 donc, vers les six heures du soir, comme le gouverneur-général recevait un groupe imposant d'invités, on entendit soudainement un bruit de cassure, suivi d'un violent impact comme un coup de tonnerre. Un pan de rocher s'était détaché du cap Diamant du côté de la citadelle et s'était affaissé dans la rue Petit Champlain, trois cents pieds plus bas. Il est facile d'imaginer l'émotion qui s'empara des délégués autant que de la population. L'avalanche avait écrasé trois maisons et leurs occupants. Des sauveteurs durent travailler toute la nuit pour dégager les victimes.

Il ne s'agit pas là d'une catastrophe unique dans l'histoire de Québec. Le 19 septembre de 1889 fut un autre jour fatidique. Le mois d'août précédent avait été particulièrement sec, si bien que, de l'avis de certains, les arbustes et les broussailles qui s'agrippent au flanc du cap Diamant s'étaient fanés puis desséchés, facilitant ainsi un glissement de roc. Vers la mi-septembre il se mit à pleuvoir à torrent. Le sol absorba à satiété l'eau qui ruisselait à la surface puis des filets d'eau se mirent à couler sur la falaise pour bientôt en couvrir toute l'étendue. A 7.20 heures du soir, un grondement se fit entendre et dans un roulement de tonnerre une énorme masse rocheuse se détacha du cap à l'extrémité de la terrasse Dufferin pour s'écraser sur les maisons de la rue Champlain, blotties contre la falaise. Les fragments de roc et les débris de matériaux formèrent un amoncellement de trente-cinq pieds de hauteur. On ne parvint pas à tout enlever et le niveau de la rue fut exhaussé à cet endroit.

Au cours du 19e siècle les Québécois déplorèrent souvent les malheurs «sans nombre» qui avaient affligé leur ville. En somme les annales des villes ressemblent aux biographies des humains. Elles relatent leurs réussites et leurs insuccès, leurs aubaines et les coups du sort. Selon les époques, les villes sont plus ou moins heureuses. Mais une grande différence subsiste entre elles et les humains: c'est que les villes, quels que soient leurs malheurs, ne peuvent émigrer.

LA SECONDE DÉCOUVERTE
DU CANADA

Jacques Cartier, le navigateur français, avait découvert le Canada en 1534. C'était une contrée habitée par des hommes à la peau brune, à qui l'on donna par une étrange confusion le nom d'Indiens. Les Français s'y maintinrent avec des fortunes diverses jusqu'au traité de Paris en 1763, alors qu'ils l'abandonnèrent avec un certain dédain aux Anglais et furent heureux de l'oublier pour toujours.

Ils le redécouvrirent en 1831, non pas en tant que propriété des Indiens, non pas en tant que propriété des Anglais, — on ne peut manquer de mémoire à ce point! — mais en tant que patrie d'un groupe de francophones issus des sujets de Louis XIV que le roi avait envoyés coloniser les rives du Saint-Laurent. Le nouveau découvreur français n'était ni un navigateur ni un explorateur. C'était un sociologue; ses livres firent de lui l'un des auteurs les plus réputés de son siècle. Il s'appelait Alexis de Tocqueville. De son voyage au Nouveau Monde allait sortir l'ouvrage célèbre *La Démocratie en Amérique*.

Tocqueville et un compagnon du nom de Beaumont étaient venus en Amérique pour y faire l'étude du système pénitentiaire des États-Unis. Mais ils eurent tôt fait d'outrepasser cette limite fixée à leur recherche. En quête d'«un lieu que n'avait pas encore atteint le torrent de la civilisation européenne», ils s'éloignèrent de la côte Atlantique et finirent par atteindre la région du Michigan. Ils passèrent ensuite au Canada et poussèrent jusqu'à Montréal.

Le 28 août 1831, Tocqueville monta à bord du vapeur *John Molson* pour se rendre à Québec. Il se produisit alors un phénomène curieux. Avant de déboucher sur la vallée du Saint-Laurent, Tocqueville s'était rendu jusqu'à Détroit, selon son désir de connaître les régions les plus sauvages de l'Amérique. Son compagnon et lui avaient pris l'allure d'explorateurs plutôt que de sociologues! Ils achetèrent une boussole, des munitions et, le fusil sur l'épaule, se mirent en chemin pour le Niagara. A un mille de la ville, ils se trouvaient déjà en pleine forêt. Or voici qu'un mois plus tard la forêt disparut comme par enchantement pour faire place à un pays verdoyant, pourvu de villages et de villes, de maisons et de fermes, avec une ville commerciale et une capitale et des milliers de sujets parlant français. Ce que pas un oeil français n'avait vu de Cartier à Vaudreuil, c'est-à-dire pendant les deux cents ans qui avaient séparé la découverte du Canada de sa cession à l'Angleterre, ce dont on avait rêvé à Paris tout au long du 17e siècle, eh bien! cela était devenu une réalité. De cette réalité Tocqueville avoue avoir été dans la plus parfaite ignorance:

> *Je m'étonne que ce pays soit à ce point inconnu en France. Voilà à peine six mois je croyais, comme tout le monde, que le Canada était devenu complètement anglais. Mon esprit était resté imprégné des chiffres de 1763, qui accordaient 60 000 âmes à la population française.*

Grand fut l'étonnement des deux Français:

> *Le Canada est sans comparaison la portion de l'Amérique jusqu'ici visitée par nous, qui a le plus d'analogie avec l'Europe et surtout la France. Les bords du fleuve Saint-Laurent sont parfaitement cultivés et couverts de maisons et de villages, en tout semblables aux nôtres. Toutes les traces de la* wilderness *ont disparu; des champs cultivés, des clochers, une population aussi nombreuse que dans nos provinces l'a remplacée.*

Une idée germa alors dans le cerveau toujours en activité de Tocqueville. A la vue des champs cultivés, des clochers des églises et à la suite des conversations qu'il n'hésitait pas à engager

«Je croyais le
Canada devenu
complètement
anglais.» Alexis
de Tocqueville.
(Chassériau).

avec quiconque voulait bien échanger des propos avec lui, il
éprouva une sorte de fièvre patriotique. A Montréal il avait causé avec le supérieur du Séminaire de Saint-Sulpice, «un Français
venu de France», qui lui avait dépeint avec faveur le peuple
canadien. Il causait aussi avec des gens du peuple et vérifiait
dans quel état d'esprit ils étaient par rapport à leurs origines et à
leurs problèmes politiques. Se rappelant que la France avait possédé autrefois un territoire aussi vaste que l'Europe et que les
trois plus grands fleuves du continent américain «coulaient tout
entiers sous ses lois», il subit un choc en son intelligence et en
son coeur. L'ardeur de ses vingt-cinq ans lui fit reprendre le rêve
oublié. Le soir de son arrivée à Québec il écrivit:

> *J'espère encore que les Français, en dépit de la conquête,*
> *arriveront un jour à former à eux seuls un bel empire dans*
> *le Nouveau Monde.*

Québec en particulier lui parut une ville passablement résolue. Il y trouvait beaucoup d'anglais il est vrai, — journaux, affiches, jusqu'aux enseignes des marchands étaient en anglais, — mais «le fond de la population» était français et son élite manifestait une grande détermination. Tocqueville lisait et relisait le seul journal français qui s'y publiait, *Le Canadien*, qui dans chaque édition imprimait ces mots en épigraphe: «notre religion, notre langue, nos lois». Que signifiaient ces adjectifs possessifs? Les Français disaient-ils «notre» liberté, «notre» égalité, «notre» fraternité? Et pourquoi les Québécois ne disaient-ils pas: «religion, langue, droit»? En poursuivant dans cette voie, *Le Canadien* en serait venu à inscrire en épigraphe «*Dieu et mon droit*», ce qui est la devise même du roi d'Angleterre! Les Québécois ne s'arrêtaient pas à ces subtilités. En réalité ce qu'ils répétaient chaque jour dans leur journal, c'était un message pour le conquérant anglais: de «votre» religion, de «votre» langue, de «vos» lois, nous ne voulons pas!

Aux yeux de Tocqueville Québec n'avait aucune analogie avec les villes américaines. La capitale ressemblait d'une manière frappante à la plupart des villes de province de France. Il s'y sentait chez lui et d'ailleurs on le recevait partout comme un compatriote. Son compagnon et lui, les gens les appelaient «enfants de la *vieille France*». Tocqueville protestait:

> *L'épithète est mal choisie! La vieille France est au Canada; la nouvelle est chez nous!*

Propos mystérieux, que les Québécois retrouveront à l'occasion sur les lèvres d'autres visiteurs mais qu'il leur fut toujours impossible de bien saisir. C'est que l'originalité de leur ville tenait à une circonstance assez spéciale que seuls les Européens pouvaient découvrir. Le petit univers français de la vallée du Saint-Laurent et sa capitale avaient échappé à la Révolution française et poursuivaient leur marche dans le temps d'une foulée toute monarchique. Comme Tocqueville le signale à ses correspondants:

> *Nous avons retrouvé là, surtout dans les villages éloignés des villes, les anciennes habitudes, les anciennes moeurs*

françaises. Autour d'une église, surmontée du coq et de la croix fleurdelisée, se trouvent groupées les maisons du village...

Dédaigneuse du Code civil que Napoléon avait promulgué en 1802, la *Coutume de Normandie* faisait loi à Québec et à Montréal et les avocats invoquaient l'illustre juriste Denisart devant les juges. Héritières du système féodal, les grandes compagnies religieuses se partageaient d'immenses étendues de territoire. A Québec même, le Séminaire, successeur de l'évêque de Montmorency-Laval, possédait les terres de la côte de Beaupré et de grands domaines en forêt; les Hospitalières de l'Hôtel-Dieu et les Ursulines possédaient les terres sises à l'ouest de la ville; le faubourg Saint-Jean, le faubourg Saint-Roch, le faubourg Saint-Sauveur appartenaient aux Hospitalières, qui se mettront plus tard à consentir des baux à rente puis des concessions foncières aux petites gens. On se fichait pas mal de la Révolution française! Ce régime foncier issu de la tenure seigneuriale allait se prolonger jusqu'au milieu du 20e siècle. Quand *Le Canadien* parlait de «nos lois», le journal avait raison au sens littéral puisque ces lois n'étaient plus celles de la France et que les Canadiens étaient les seuls au monde à se les appliquer. Il faudra attendre 1866 pour voir un Code civil canadien, que les Québécois s'empresseront d'appeler «notre» code civil. Lui aussi d'ailleurs ignorera la Révolution française!

L'horloge de Québec s'était vraiment arrêtée en 1788, l'année d'avant la Révolution. Côté religieux, c'était encore plus notoire aux yeux d'un Français que l'attitude canadienne au sujet des vieilles lois françaises. Ce que chacun avait retenu des événements de 1789, c'était l'acharnement anti-chrétien des révolutionnaires, leur athéisme officiel et militant. Or à Québec les cérémonies du culte prospéraient comme naguère. Chaque année les liturgies exubérantes de Noël et de Pâques s'épanouissaient après les périodes austères de l'Avent et du Carême. Il ne s'agissait pas d'un phénomène passager. La renommée des offices religieux célébrés à Québec dura tout le 19e siècle et une bonne

La vallée du Saint-Laurent.
(W.H. Bartlett, 1842).

partie du 20e. D'un guide romancé de la ville, — «*a romance of Quebec*», — publié vers les années 1900 par un auteur anonyme sous le titre de *Under the King's Bastion*, il appert que certaines manifestations du culte constituaient des «attractions» au même titre que les sites pittoresques de la région. Les visiteurs ne retrouvaient pas à Québec le pragmatisme des villes américaines et

cela leur apparaissait comme une révélation. Les splendeurs
royales du culte dans cette ville aux murs de pierre grise, dont les
églises et les chapelles ruisselaient à l'intérieur d'or et de blanc,
aux habitants vêtus de costumes grossiers, dont les prêtres portaient des chapes et des dalmatiques brodées de fils d'or et d'argent, ces splendeurs royales étaient inconnues du reste de l'Amé-

rique. L'impressionnant déploiement de clergé dans les grandes occasions ne manquait pas moins de frapper les visiteurs. Après avoir assisté à une messe solennelle en la cathédrale française, Dean Howells notera qu'elle a été exécutée «*with a very full clerical force*», c'est-à-dire avec force ministres du culte, acolytes et thuriféraires.

Sous ce rapport rien ne dépassait l'éclat des processions de la Fête-Dieu. Bienheureuse la ville qui n'a cessé pendant deux siècles de promener dans ses rues le corps du Christ! Chaque année, par un beau dimanche de juin, un cortège étrange s'ébauchait sous le portique des églises à l'heure où le soleil grimpe vers le zénith. La plus célèbre de ces processions, celle dont plusieurs livres parlent, fut celle de la paroisse de la cathédrale. Voici que vers les 10 heures toutes les cloches du quartier se mettent en branle. Les visiteurs quittent en vitesse leurs chambres d'hôtel et, côte du Palais ou place d'Armes, chacun s'informe à celui-ci ou celui-là de ce qui se passe. Déjà les curieux s'alignent le long de la rue Saint-Louis. Les membres des sociétés charitables ouvrent le défilé, suivis des enfants des écoles identifiés par les bannières de leurs institutions. Puis viennent les confréries paroissiales, chacune avec la bannière du saint qu'elle invoque; ensuite les communiantes de l'année, toutes en jolie robe blanche, portant le voile et une couronne de fleurs. Le clergé suit: les enfants de choeur en soutane rouge et surplis blanc; les prêtres en surplis de dentelle; les dignitaires en camail ou rochet, selon le degré hiérarchique. Le groupe capital du défilé apparaît alors: le choeur de chant reprenant sans cesse les strophes du *Pange lingua*, des garçonnets vêtus en pages et jetant des fleurs, les acolytes agitant des encensoirs; et enfin, sous le dais décoré de symboles dessinés en lettres d'or et tenu par les marguilliers gantés de blanc, l'Hostie sainte enfermée dans un ostensoir d'or que l'évêque porte pieusement contre lui en le tenant enveloppé du voile huméral. La garde paroissiale, sabre au clair, ferme le défilé. Quand l'Hostie approche, les fidèles s'agenouillent et inclinent la tête puis ils se relèvent quand le dais les a dépassés.

Certains visiteurs pouvaient regagner leur hôtel dès ce moment, emportant déjà en leur imagination une image peu banale. Moins pressés, d'autres suivaient le défilé. A peu près à mi-chemin sur le parcours assigné à la procession, se dressait le *reposoir*. C'était un autel temporaire, aménagé à l'extérieur de quelque maison bourgeoise, en vue d'une halte. Le propriétaire désigné pour offrir le reposoir à la procession de la Fête-Dieu s'estimait l'objet d'un honneur insigne et ne ménageait ni ses frais ni sa peine pour présenter à son hôte extraordinaire un autel digne de la circonstance. La façade de la maison disparaissait derrière un rideau de verdure devant lequel une arche abritait l'autel chargé de chandeliers et de fleurs. Des rangées d'arbres jeunes acheminaient le cortège sacerdotal jusqu'aux marches de l'autel. Parfois des enfants aux boucles blondes et aux ailes dorées simulaient les anges comme on les imagine la nuit de Noël. Le chant du *Tantum ergo* remplissait l'air déjà embaumé de l'arôme de sapin. Au son aigu de la clochette d'un enfant de choeur, dans un silence que rien par ailleurs ne troublait, le peuple recueilli adorait l'Hostie sainte. Le cortège se reformait ensuite et, par les rues pavoisées, regagnait l'église et l'Hostie, son sanctuaire.

Tant de simplicité, tant de foi, tant de sincérité imprégnèrent pendant des générations ces cérémonies que, cent ans après Tocqueville, elles inspireront ces lignes à un autre fils de la France, l'écrivain Jean Canu:

> *Chère Québec! Nous la découvrîmes le jour de la Fête-Dieu, et tout nous y émerveilla, les drapeaux tricolores ou fleurdelysés aux fenêtres, les honnêtes façades des maisons avec leurs volets verts bien bourgeois, la cathédrale d'un style jésuite XVIIIe siècle doucereux, mais surtout la procession de la Fête-Dieu, qui vous plongeait dans l'atmosphère d'une ville de province française vers 1875, un peu avant «la fin des notables». Il n'y manquait rien: les patronages, les enfants des écoles, les enfants de Marie avec leurs rubans bleus, les membres du conseil de fabrique engoncés dans leurs redingotes démodées, les zouaves pontificaux, bleu*

Place d'Armes. (W. Walton, 1832, Archives nationales du Québec).

ciel et la barbiche à l'impériale, entourant le dais sous lequel s'avançait le Saint Sacrement, les fidèles agenouillés en rangs serrés des deux côtés de la route. Tout, et l'attitude de la foule, et les costumes, et la solennité bourgeoise de la fête, évoquait la province d'autrefois, au temps de l'Ordre Moral, plus loin encore peut-être.

Il fallut les larges avenues d'asphalte et la cohue des automobiles pour chasser de Québec la procession de la Fête-Dieu et ses reposoirs tapissés de branches de sapin, que les parents allaient visiter avec leurs enfants l'après-midi de la fête. Le christianisme demeure mais les manifestations qu'il inspirait aux Québécois du temps du *Canadien* et qu'ils appelaient «notre religion» sont maintenant chose du passé. Elles n'en ont pas moins rattaché une poignée de fidèles en terre d'Amérique à une tradition qui prenait sa source au 13e siècle quand le pape Urbain IV établissait la fête du Saint-Sacrement et que le théologien Thomas d'Aquin rédigeait l'hymne immortelle du *Lauda Sion*. Cela aussi

Le palais de justice, 1885. (Archives nationales du Québec).

avait disparu de France durant la Révolution comme cela avait disparu d'Angleterre par la Réforme. Tocqueville ne vit pas la procession de la Fête-Dieu sur la rue Saint-Louis ou sur la rue Buade mais la religion qu'il vit à Québec lui fit écrire:

> *Ou il faut nier l'utilité du clergé ou l'avoir comme au Canada.*

Enfin le journal *Le Canadien* que Tocqueville lisait parlait de «*notre langue*». Ce que pouvait être exactement le français parlé à Québec à cette époque, cela est assez difficile à déterminer. Tocqueville ne dit pas grand bien des avocats qu'il entendit lors de sa visite à l'un des tribunaux civils de Québec. Il était assurément impossible que la langue de l'administration et la langue des affaires n'en viennent à imprégner le parler de tous les jours. Tocqueville relève diverses «étrangetés» non moins que des locutions anglaises. Bien d'autres Français après lui se montreront sévères sur ce point et sur quantité d'autres. De façon générale les Français ne s'habitueront jamais à Québec: ni à la juxtaposition du français et de l'anglais, du catholicisme et du protestantisme, de la loyauté à l'Angleterre et de l'amour de la France; ni à l'omniprésence du clergé; ni à la médiocrité de ses édifices publics; ni aux limites de ses intellectuels. Ils manifesteront toujours un étonnement réservé et une admiration mitigée devant l'opiniâtre originalité des Québécois.

Pour l'académicien Xavier Marmier, Québec est une

> *ville du continent américain, peuplée par une colonie française, régie par le gouvernement anglais, gardée par des régiments d'Écosse; ville du moyen âge par quelques-unes de nos anciennes institutions, et soumise aux modernes combinaisons du système représentatif; ville d'Europe par sa civilisation, ses habitudes de luxe, et touchant aux derniers restes des populations sauvages et aux montagnes désertes; ville située à peu près à la même latitude que Paris et réunissant le climat ardent des contrées méridionales aux rigueurs d'un hiver hyperboréen; ville catholique et protestante, où l'oeuvre de nos missions se perpétue à côté des fondations des sociétés bibliques.*

Marmier écrivait en 1889. Soixante-dix ans plus tard, en 1959, un autre écrivain français, du nom de Pierre Mélèse, exprimera un étonnement analogue:

> *Étrange mélange de modernisme et d'archaïsme que cette ville où les produits américains vous sont offerts en piastres et en sous, où les longues autos nickelées doublent les lentes calèches, où le drapeau bleu et blanc à fleurs de lis surmonte le palais du parlement démocratique.*

On peut évidemment relever toutes ces bizarreries, — pour ne pas dire ces contradictions, — et d'autres encore comme les vieux termes français inutilisés en France, les néologismes douteux fabriqués avec des mots anglais, les chants folkloriques français proférés par des voix anglaises, et hausser les épaules.

Tout dépend du degré de sympathie que l'on éprouve pour ces fils abandonnés de la France et agrippés au rocher de Québec comme des naufragés, au rivage d'une île déserte. Chacun a bien le droit d'applaudir ou d'exprimer des réserves.

Les Québécois, quant à eux, avaient à vivre leur problème. Ils eurent quelque mal à décider de quel côté il leur fallait se ranger en définitive, compte tenu de leur origine et de leur nouvelle allégeance politique. Faisant le récit d'un voyage en Europe, l'historien F.-X. Garneau écrira:

> *... je passai les mers et visitai Paris et Londres, ces deux Athènes modernes. J'étais fier, en me promenant au milieu des monuments de ces grandes capitales, d'appartenir aux nobles races qui les avaient élevés, et tout en admirant ces chefs-d'oeuvre, je faisais des voeux pour que l'étranger pût un jour rendre le même témoignage à nos enfants sur les bords du majestueux Saint-Laurent.*

On retrouve cette illusion de la double culture chez un écrivain de bonne volonté comme James MacPherson Lemoine, anglo-protestant de formation, dont le frère, prêtre catholique, était l'aumônier des très françaises Ursulines de Québec; chez le poète-prosateur-homme politique Louis Fréchette, copain dans sa ville natale de Lévis d'une famille de petits anglais, exilé volontaire aux États-Unis; et même chez l'historien-abbé H.-R. Casgrain, qui échangea une amitié sincère avec Francis Parkman, l'historien protestant dont les écrits faisaient «tressaillir la pensée catholique» mais dont il comparait le style aux aurores boréales qui avaient illuminé le ciel de Québec durant l'hiver de 1872.

Québec cherchait sa voie. Le passé exerçait sur elle un ascendant qui ne cessa de croître à partir du moment où des conditions politiques convenables, — à ses yeux, — eurent prévalu en France. D'une certaine manière Québec a continué de vivre la rivalité plus ou moins avouée, plus ou moins larvée, qui a toujours opposé la France et l'Angleterre. Elle a fait preuve d'opportunisme sans trop s'en rendre compte, parce qu'elle voulait rester fidèle à son passé et qu'elle devait tout de même se ménager un avenir. Le plus possible elle a enrayé le cours de l'histoire, comme Mazo de la Roche le signale avec beaucoup d'à-propos:

> *Le peuple de l'Angleterre est loin de l'Angleterre d'il y a quelques générations. Le peuple des États-Unis est encore plus loin des États-Unis d'il y a quelques générations. Un abîme sépare la France d'aujourd'hui de la France d'hier. Les fils de la nouvelle génération, en chacun de ces pays, seraient des étrangers dans la maison du passé. Il n'en va pas ainsi à Québec. A Québec le flot du passé coule sans obstacle dans le présent, sans dévier pour la peine, se mêle à lui et l'enrichit.*

Quel poète français aurait osé composer en 1887 un chant à la gloire du drapeau fleurdelisé, comparable à ce *Dernier Drapeau Blanc* de Louis Fréchette dans *La Légende d'un Peuple?*

> *Combien ai-je de fois, le front mélancolique,*
> *Baisé pieusement ta touchante relique,*
> *O Montcalm! ce drapeau témoin de tant d'efforts,*
> *Ce drapeau glorieux que chanta Crémazie,*
> *Drapeau qui n'a jamais connu d'apostasie,*
> *Et que la France, un jour, oublia sur nos bords!*

Quelle ville au monde autre que Québec aurait, en 1891, accueilli comme un monarque régnant un malheureux prince proscrit de France, le comte de Paris? A la vue de cet héritier des rois, déchu de son trône mais qu'on accueillait avec des adresses de bienvenue et des fleurs et qu'on escortait dans les rues au son de la fanfare, le souvenir des gloires passées reflua encore plus vivement à l'imagination des Québécois que le jour où la corvette *La Capricieuse*, le premier navire français à remonter le cours du Saint-Laurent depuis 1759, avait jeté l'ancre à Québec en 1855. On se rappela les exploits de Montcalm à Ticondéronga

Place Notre-Dame-des-Victoires. (*Picturesque Canada*, 1880).

et à Carillon, la revanche de Lévis à Sainte-Foy, le courageux combat de l'*Atalante* à six lieues en amont de Québec. A l'université, on présenta au comte de Paris le vieux drapeau de Carillon, enroulé sur sa hampe et porté précieusement comme les reliques d'un martyr,

> *Cet étendard qu'au grand jour des batailles,*
> *Noble Montcalm, tu plaças dans ma main,*
> *Cet étendard qu'aux portes de Versailles,*
> *Naguère, hélas! je déployais en vain...*

comme faisait clamer à son héros le poète Crémazie. Dans le silence et la solennité, le recteur s'adressa au prince et lui dit:

> *J'ai l'honneur de présenter à Votre Altesse Royale le drapeau de Carillon, la plus noble, la plus précieuse, la plus glorieuse relique de la France au Canada.*

L'assistance demeura sous l'empire d'une émotion extraordinaire pendant que la fanfare jouait l'hymne de Sabatier *O Carillon, je te revois encore*. Les chroniques rapportent que le vénérable cardinal Taschereau, alors âgé de 71 ans, paraissait remué jusqu'au fond de l'âme et que ses traits augustes étaient inondés de larmes.

Mais on avait beau faire, on ne pouvait s'en tenir à la France d'avant 1759. Les Québécois ne se faisaient pas faute d'arborer le tricolore de la Révolution française en toute occasion, aussi bien dans les processions de la Fête-Dieu que dans les manifestations patriotiques. Et c'est dans la même *Légende d'un peuple* de Louis Fréchette que l'on trouve un poème à la gloire de *Nos Trois Couleurs*:

> *Regarde, mon enfant, ce chiffon souverain,*
> *Qui mêle — avec l'azur du firmament serein —*
> *Dans l'éclat radieux de son pli tricolore,*
> *Aux rougeurs du couchant les blancheurs de l'aurore!*

> *Ces trois couleurs, drapant de leurs pures clartés*
> *Trois principes féconds dans un seul reflétés,*
> *C'est, insigne éternel de toute indépendance,*
> *— Chapeau bas, mon enfant! — le drapeau de la France!*

Dans ce curieux décor, qu'advenait-il du drapeau anglais flottant, imperturbable, au-dessus du bastion du Roi, au plus haut point de la citadelle de Québec, au centre du plus vaste paysage du monde?

Du temps de l'évêque Plessis, on avait béni ce drapeau. Après la bataille du Nil, quand la nouvelle que l'amiral Nelson avait détruit la flotte française dans la Méditerranée eût atteint Québec, l'évêque Denault, le prédécesseur de Plessis sur le siège épiscopal de Québec, publia un mandement à l'intention de son clergé et de ses fidèles. Il y rendait hommage à Dieu pour avoir maintenu sa faveur aux armes de l'Angleterre et, pour le prier de continuer à répandre ses bénédictions sur «le plus juste des rois, dont toutes les démarches ont pour but le bonheur de son peuple», il commandait que, dans toutes les églises du diocèse, on célébrât une messe solennelle en action de grâces à l'issue de laquelle on chanterait le *Te Deum* avec le *Domine salvum fac Regem* et l'oraison pour le Roi. L'évêque insistait auprès de ses curés pour qu'ils fassent bien sentir à leurs paroissiens

> *les obligations qu'ils ont au Ciel de les avoir mis sous l'empire et la protection de Sa Majesté britannique.*

Quelques jours plus tard, le vicaire-général du diocèse, «Messire J.-O. Plessis», prononça en la cathédrale un discours en trois points pour célébrer la «vigilance paternelle» de la Grande-Bretagne garantissant à ses sujets les avantages de la paix. Le mandement de l'évêque et le discours de son vicaire-général furent imprimés et vendus au profit des pauvres de la paroisse de la cathédrale.

D'où venait cette belle loyauté? D'où venait qu'après avoir si ardemment invoqué le Ciel pour le succès des armes françaises, on récitait maintenant le *Domine salvum fac Regem* pour le roi d'Angleterre? — C'est qu'en France les conditions avaient bien changé depuis 1759. La Révolution avait balayé les valeurs établies, supprimé la royauté, jeté à bas les autels. L'évêque s'écriait:

> *O Ciel! quels changements funestes n'a pas éprouvés cet infortuné royaume!*

Québec, 1832. (Joseph Bouchette).

Le concordat de 1801 entre Bonaparte et le pape Pie VII rétablit quelque peu le prestige de l'ancienne mère-patrie. Avec la formation du premier empire et le triomphe des armées françaises, la fièvre napoléonienne gagna le Canada. Cette fièvre devait persister tout au long du siècle et même au-delà, s'il faut en juger par le nombre d'enfants canadiens qûi reçurent au baptême le prénom de Napoléon. La *Gazette de Québec*, propriété d'un dénommé Nelson et organe officieux du gouvernement, faisait pourtant une publicité infernale à Bonaparte. Le journal alla jusqu'à annoncer sa défaite à Austerlitz! Une fibre patriotique n'en vibrait pas moins au coeur des descendants des Français. Aussi bien ils réagirent peu à l'annonce de la victoire de Nelson à Trafalgar. L'évêque de Québec demeura silencieux: point de *Te Deum*; point d'oraison pour le salut du roi George III.

La répudiation de l'impératrice Joséphine et la captivité du pape Pie VII à Savone puis à Fontainebleau non moins qu'une certaine détente politique à Québec «ramenèrent bien vite les esprits dans la voie du loyalisme», selon l'expression de l'historien Edmond Roy. Après Waterloo on assista au même scénario qu'après la bataille du Nil. Un mandement de l'évêque vanta «l'immortel Wellington» pour avoir défait «l'armée formidable commandée par l'usurpateur en personne». L'armée anglaise y devient «notre armée», elle a rétabli Louis XVIII «sur le trône de ses pères» et «nous» assure une paix durable. Dans toutes les églises, on récita l'*Oraison pour le roi* et l'on chanta le *Te Deum* «au son des cloches», ces cloches de Québec qui fascinèrent toujours les visiteurs et n'avaient cessé de sonner depuis plus d'un siècle «sans égard au changement des monarques terrestres», selon la remarque de l'historien Matilda Edgar.

Les allégeances sentimentales des Québécois demeurèrent complexes. Quand lord Russell de Killowen, juge en chef d'Angleterre, visita Québec en 1896, après avoir été l'hôte du Barreau américain à Saratoga, le bâtonnier du Barreau de Québec lui vanta l'harmonie qui régnait au Canada entre Français et Anglais:

> *Vous voyez flotter au même mât le pavillon anglais et le*
> *pavillon français sous le même souffle d'une bonne brise,*
> *l'un semblant nous dire: Respectez-moi et je vous garantis*
> *la liberté; l'autre: Ne cessez de m'aimer comme vous l'avez*
> *toujours fait.*

Québec devait beaucoup à l'Angleterre, cela est certain. Chacun
ne savait plus trop, au fond de son coeur, à quel drapeau jurer
sa foi.

On ne s'étonne pas trop de trouver dans la *Légende d'un Peuple*,
après les strophes du *Dernier Drapeau Blanc* et celles de *Nos
Trois Couleurs*, un poème intitulé *Le Drapeau Anglais:*

> *Regarde, me disait mon père,*
> *Ce drapeau vaillamment porté;*
> *Il a fait ton pays prospère,*
> *Et respecte ta liberté.*
>
> *C'est le drapeau de l'Angleterre;*
> *Sans tache, sur le firmament,*
> *Presque à tous les points de la terre*
> *Il flotte glorieusement.*
>
> . . . .
>
> *Oublions les jours de tempêtes;*
> *Et, mon enfant, puisque aujourd'hui*
> *Ce drapeau flotte sur nos têtes,*
> *Il faut bien s'incliner devant lui.*

En cent cinquante ans Québec n'est pas parvenue à résoudre ses
paradoxes. Elle a bien essayé en 1857 lorsqu'elle a imploré la
reine Victoria de faire d'elle la capitale définitive du Canada,
elle qui l'avait été «pendant deux cent trente ans». Le gouverneur Dufferin, qui lui avait rendu ses vieux murs, qui vantait sa
«patience», sa «fortitude», sa «charité», son «patriotisme»,
cherchait à faire l'unité jamais trouvée en se rattachant à une

lignée de trois cents ans de vice-rois, qu'il appelait ses «illustres prédécesseurs». Mais le symbole de la réalité demeurera toujours un énigmatique personnage avec qui Tocqueville avait fait la conversation. Québécois d'origine écossaise, né au Canada, parlant le français avec autant de facilité que l'anglais, John Neilson était l'un des chefs des Canadiens français bien que protestant. De cet homme Tocqueville écrit:

> *Sa naissance et sa position sociale en opposition l'une à l'autre forment quelquefois dans ses idées et dans sa conversation de singuliers contrastes.*

UNE PROPOSITION DE MARIAGE

Le 27 mai 1839 le *Hastings* jetait l'ancre devant Québec. Il portait à son bord John George Lambton, premier comte de Durham, membre du parlement britannique, ancien ambassadeur de la Grande-Bretagne en Russie. Pendant que les navires d'escorte s'immobilisaient l'un après l'autre en rade de la ville, on s'affairait sur le navire amiral à préparer le débarquement du nouveau gouverneur-général de l'Amérique du Nord britannique et *lord high commissioner*.

La foule se pressait de toutes parts. Sanglé dans son uniforme, portant au cou le grand collier de l'Ordre du Bain, lord Durham mit enfin pied à terre. Montant un superbe cheval blanc, il parcourut en grande pompe sous les applaudissements et les vivats le «mille royal» qui séparait le quai de la Reine du château Saint-Louis, la résidence des gouverneurs. Jadis témoins des allées et venues des envoyés de la cour de France, la côte de la Montagne et les remparts de la ville accueillaient ce jour-là le représentant de la jeune reine Victoria d'Angleterre. L'appellation de «mille royal» est empruntée à l'Écosse, à Édimbourg plus précisément, où le chemin qui va de Castle Rock à Holyrood Castle porte le nom de *Royal Mile*. C'est le parcours le plus fameux du royaume, le parcours des rois et des reines, que le spectre de Mary, reine d'Écosse, hante encore. Toute proportion gardée, l'analogie entre le *Royal Mile* d'Édimbourd et celui de Québec ne manque pas d'à-propos et ajoute à la ressemblance si souvent signalée entre les deux villes.

Quatre-vingts ans s'étaient écoulés depuis la bataille des Plaines d'Abraham. Québec n'était pas encore une bien grande ville. Sa population était d'environ vingt-cinq mille âmes. C'était tout de même un chiffre assez imposant, compte tenu de l'état dans lequel la ville s'était trouvée après la terrible épreuve de 1759. Car la ville que les Anglais avaient occupée après la reddition n'était plus qu'une ville-fantôme. Voyant brûler leurs maisons au cours des bombardements, la plupart des familles avaient fui à la campagne. De la chapelle de Notre-Dame-des-Victoires, où les fidèles s'étaient rendus en pèlerinage pendant le siège de la ville par Phipps en 1690, où ils avaient remercié le Ciel avec effusion lors du désastre survenu à la flotte de Walker à l'Ile-aux-Oeufs en 1711, où cette fois encore en 1759 ils avaient prié Dieu avec tant d'ardeur pour le succès des armes françaises, il ne restait plus que les quatre murs. La cathédrale avait été incendiée. Les Hospitalières de l'Hôtel-Dieu soignaient les blessés et les malades sous un toit crevé par les boulets. L'ancien collège des Jésuites, où quelques régiments anglais s'étaient installés tant bien que mal, était à reconstruire.

Dans un discours patriotique prononcé en 1880 à l'occasion de la fête nationale des Canadiens français, le futur premier ministre du Canada, Wilfrid Laurier, évoqua l'image de Québec en ruines. Rappelant à ses auditeurs le souvenir des généraux français Lévis, Bourlamaque, Bougainville, «ces héros de tant de batailles», il leur décrivit les jours sombres de 1759:

... au moment où ils quittèrent Québec pour regagner la France, (ils) jetèrent un dernier regard sur cette terre que leur énergie et leur courage auraient sauvée si le courage et l'énergie avaient pu la sauver et... ce dernier regard leur montra Québec en ruines, la côte de Beaupré en cendres...

La côte de la Montagne. (*Picturesque Canada,* 1880).

Québec était à rebâtir, à re-fonder en somme. Sa condition précaire correspondait assez bien, symboliquement, à celle de ces Français nés en Amérique, sur les bords du Saint-Laurent, et qui n'étaient plus tout à fait des Français même s'ils ne parlaient point d'autre langue que celle de leurs aïeux. A Québec ce peuple orphelin reconstruisait ses maisons incendiées comme, sur la côte de Beaupré, il revenait à ses fermes ravagées.

Bientôt la ville commença à s'étendre au-delà de son enceinte fortifiée. On vit apparaître les «faubourgs». De nos jours ces agglomérations sont bien intégrées à la ville mais, vers le milieu du 19e siècle, elles formaient des entités indépendantes et passablement délaissées. C'était par la pauvreté et l'ignorance que ces quartiers nouveaux, Saint-Sauveur, Saint-Roch et Saint-Jean, se distinguaient des rues aristocratiques de la haute-ville, qui étaient le lieu des autorités, de la bourgeoisie et du clergé. Les faubourgs s'étendaient sur la rive sud de la rivière Saint-Charles et continuaient les agglomérations déjà anciennes fixées au pied du cap Diamant. La «classe pauvre» s'y entassait près des industries dont elle constituait la main-d'oeuvre. Comme ces pauvres gens ne disposaient d'aucun moyen d'accès à l'instruction ni aux affaires ni aux professions, seule l'agitation politique faisait briller à leurs yeux, sur un horizon entièrement fermé, la lueur illusoire d'une amélioration de leur sort.

Les autorités de la ville avaient à vrai dire d'autres soucis que le sort des déshérités. Le spectre de la guerre hantait toujours le rocher qui n'avait cessé de faire l'enjeu des querelles guerrières de la France et de l'Angleterre. Comment s'y comprendre? Alors qu'autrefois les Bostonnais prêtaient main-forte aux Anglais pour déloger les Français de Québec, cette fois ils rappliquaient pour en déloger les Anglais eux-mêmes. A quoi voulaient-ils en venir en fin de compte? Pourtant les Colonies avaient fait sonner les cloches et allumé des feux de joie à la nouvelle de la prise de Québec! Le plus clair de cette situation confuse, c'est qu'on ne connaîtrait jamais la paix à Québec.

1775! à peine quinze ans après la bataille des Plaines d'Abraham: branle-bas de combat une fois de plus! Le général américain Arnold a mis le siège devant la ville et tente de la prendre d'assaut dans la nuit du 31 décembre. Cette alerte passée, le va-et-vient des troupes anglaises se poursuit. Au début du siècle les Québécois voient le colonel Isaac Brock surveiller les exercices de ses hommes sur la place de l'Esplanade. Puis nouvelle alerte lors de la guerre canado-américaine de 1812! Bien que ce fût là le dernier coup de feu, à toutes fins pratiques, de la guerre anglo-américaine, Québec allait demeurer sur le qui-vive pendant un bon demi-siècle.

Peu à peu la fièvre politique succéda à la crainte de la guerre. Sous ce rapport le 19e siècle marqua une rupture très nette avec les deux précédents. Il est même surprenant que les anciens sujets du roi de France, éduqués selon les notions de l'absolutisme royal, ignorants des idées libérales qui agitaient l'Angleterre et dont lord Durham était l'un des protagonistes, soient devenus rapidement de chauds partisans du régime parlementaire et qu'ils en aient réclamé l'application aux colonies. Il faut sans doute voir là le résultat de l'action d'une élite bien informée, dont les Anglais installés définitivement au Canada furent les inspirateurs. Il faut surtout y voir l'application de l'exemple de la Nouvelle-Angleterre à des conditions analogues à celles qui avaient entraîné la Révolution américaine. L'attitude conciliante du gouvernement de Londres envers le Canada fut sûrement motivée par la ferme résolution d'y éviter la répétition de la tragédie américaine. La venue à Québec de lord Durham s'inscrit dans cette perspective.

La capitale ne connut cependant ni actes de violence ni tentative d'insurrection, sans doute en raison de la présence des troupes de la garnison. Les échauffourées se limitèrent à la région de Montréal et Québec ne vit pas les gibets de la répression. Des troubles de 1837-38 Québec devait plutôt connaître le côté goguenard. Comme les députés de Montréal à l'Assemblée législative prônaient le boycottage des produits anglais, imitant en cela

Le bastion du Roi. (Archives nationales du Québec).

les Bostonnais qui avaient recouru à cette pratique avant la Révolution américaine, ils eurent l'idée d'une manifestation publique à ce sujet. Ils se firent les acteurs d'une scène loufoque dans les rues de la ville. A l'instigation de Papineau, ils avaient rejeté les vêtements de fabrication anglaise et, lors de la session d'été de 1837, on vit descendre à Québec du vapeur *Le Canada* les Papineau, Lafontaine, De Witt, Cherrier, Duvernay et autres *patriotes* vêtus de la tête aux pieds d'étoffe du pays et d'autres produits locaux tels que chapeaux de paille et bottes *sauvages*. La petite troupe gravit la côte de la Montagne sous les rires amusés de la foule. Le député Viger, qui passait pour un fort bel homme, n'avait pas eu le coeur de se plier à cette mascarade et, de produit du pays, ne portait que la veste de *petite étoffe*.

De la France on n'entendait plus parler. Chaque printemps, une fois les Québécois libérés de la réclusion forcée de l'hiver, quand des voiles blanches brillant au soleil s'immisçaient entre le tissu boisé de la pointe Lévy et les coteaux de l'île d'Orléans, ce n'étaient ni *Les Deux Frères* ni *Le Profond* ni *La Reine du Nord* ni *La Licorne* ni *Le Faucon* du récit de Willa Cather. C'étaient des transports et des frégates de Sa Majesté britannique, dont les

Québécois ignoraient les noms, amenant des immigrants anglais ou des troupes pour renforcer les garnisons du Canada. Les nouvelles de France venaient dans les journaux anglais ou par New York. Elles faisaient d'ailleurs frémir d'horreur les anciens sujets du roi de France et les poussaient littéralement dans les bras du conquérant anglais. L'évêque Plessis, indigné des sacrilèges et des moeurs sanguinaires de la Révolution, proclamait que tout «vrai chrétien» devait manifester sa gratitude envers la Grande-Bretagne, laquelle leur assurait «la continuation du repos et du bonheur en cette province».

L'orthodoxie religieuse des Canadiens français les amenait à juger avec faveur la conquête du Canada par l'Angleterre. En raison des maux auxquels ils avaient échappé, croyaient-ils, pour avoir été soustraits aux secousses politiques qui agitaient la France, ils n'hésitèrent pas à voir dans la chute de la Nouvelle-France un événement providentiel. Cette conclusion allait donner naissance à l'idée d'une prédestination dont Québec devait entendre l'exposé formel au début du 20e siècle. A l'époque de Durham les chefs de la petite communauté française de Québec n'éprouvaient que des sentiments de loyauté envers la Couronne britannique. Le traité de Paris donnant à la Reine un titre valide aux territoires canadiens et à leurs populations selon le droit de l'époque, ils avaient d'autant moins envie de le contester que l'Angleterre leur apparaissait comme l'instrument de la volonté divine. Cette fois les *gesta Dei per Francos* le cédaient aux *gesta Dei per Anglicos*! Pour être complet il aurait fallu dire *gesta Dei per Anglicos contra Francos*! Cela correspondait d'ailleurs parfaitement à la conviction des Anglais. Quant aux Canadiens, ils appréciaient leurs nouveaux maîtres par la négative en quelque sorte, dans la mesure où ils avaient échappé grâce à eux à des conditions politiques en comparaison desquelles le changement d'allégeance leur apparaissait comme un bienfait.

Cette attitude ne s'est pas démentie en cent cinquante ans, c'est-à-dire depuis l'évêque Plessis, qui fit chanter le *Te Deum* dans ses paroisses à chacune des défaites de la Révolution et de l'Empire, jusqu'à l'écrivain Robert de Roquebrune pour qui Louis XV et Choiseul «nous ont rendu un fameux service» en signant le traité de Paris. Un jour Laurier écrira que, chez les Canadiens français, «le nationalisme est à base d'anglophobie». Au début du 19e siècle il aurait écrit que la loyauté envers l'Angleterre était à base de francophobie. L'évêque Plessis, pour sa part, repoussait catégoriquement l'idée de renouer avec les Français. Il s'écriait:

> *Hélas! où en serions-nous, mes frères, si de tels esprits pre-*
> *naient le dessus, si leurs désirs étaient remplis, si ce pays,*
> *par un fâcheux revers, retournait à ses anciens maîtres?*

«... un peuple auquel cette colonie doit son origine», telle était devenue la France aux yeux de l'évêque Plessis et de ses contemporains, rien de plus. Les Français leur rendaient bien cette indifférence en ne se souciant plus le moins du monde de leur ancienne colonie d'Amérique. Français et Canadiens s'étaient à vrai dire désolidarisés les uns des autres dès la prise de Québec en 1759. Le commandant français, le chevalier De Ramesay, avait pris soin de faire inscrire dans l'acte de capitulation un article comme quoi

> *les Habitans ne pourront être recherchés pour avoir porté*
> *les armes à la deffense de la ville, attendu qu'ils y ont été*
> *forcés, que les habitans des colonies des deux Couronnes y*
> *servent également comme Milices.*

En somme les uns et les autres étaient quittes. Les Canadiens ne souhaitaient pas plus le retour des Français que ces derniers, la récupération du Canada.

Les Anglais, de leur côté, encourageaient les Canadiens français à porter un jugement positif sur les événements. Dans un ouvrage consacré à la ville de Montréal et publié en 1839, l'année même où Durham était à Québec, sous le titre charmant de *Hochelaga Depicta*, l'écrivain et ministre baptiste Newton Bosworth signalait à ses lecteurs les vrais avantages de la conquête:

> *S'il y eut jamais un peuple pour avoir raison de se réjouir*
> *d'un changement de maîtres, les Canadiens-français furent*

ce peuple. La conquête leur fut une bénédiction. Sous leurs précédents gouvernants, — propriétaires plutôt puisqu'on les gouvernait de façon despotique, — ils enduraient beaucoup et bénéficiaient de peu. Le péculat et la fraude enrichissaient un petit groupe aux dépens de la masse. Les lois féodales étaient oppressives et vexatoires; le code criminel était vague et son administration, capricieuse. Sous le gouvernement anglais certains de ces maux furent aussitôt éliminés ou atténués; et le peuple en général applaudit au changement.

Ces propos contiennent probablement beaucoup de vrai. Il ne semble pas que même les Patriotes de 1837-38, les extrémistes du temps, aient jamais envisagé ni le rattachement du Canada à la France ni la rupture avec la Couronne britannique. C'est pourquoi un militaire anglais, le lieutenant-colonel Richard H. Bonnycastle, se demandait bien à quoi Papineau voulait en venir. Dans son livre sur le Canada *As it was, is and may be*, Bonnycastle posait cette question:

Un journal, reconnu comme le mieux informé parmi les journaux de Québec, soutient que Papineau et ses partisans n'ont jamais rêvé d'une nation canadienne. De quoi a-t-il rêvé alors?

Au début, c'est-à-dire à l'époque du traité de Paris, la question de la langue ne s'était pas posée. Les Anglais ne pouvaient s'attendre à voir les Canadiens parler anglais du jour au lendemain. De leur côté les Anglais n'avaient pas du tout envie de se franciser. «On trouve à Québec dix fois plus d'enfants français apprenant l'anglais, allait observer lord Durham, que d'enfants anglais apprenant le français». De nombreuses familles canadiennes fraternisèrent volontiers avec les nouveaux maîtres du pays, — celles qui en eurent l'occasion. Dans une étude consacrée à l'interpénétration anglo-française, l'écrivain français Jean-Charlemagne Bracq signale qu'«une étude approfondie de cette question établirait que les alliances entre les deux nationa-

lités ont été beaucoup plus nombreuses qu'on ne le pense communément». Mais les petites gens demeurèrent à l'écart des conquérants. Québec gardait l'allure d'une ville occupée.

Au château Saint-Louis, réceptions et bals se succédaient. Lord et lady Durham prodiguaient leur hospitalité à un large cercle d'invités, au mécontentement de la clique des administrateurs anglais qui avaient jusque-là monopolisé le pouvoir exécutif et la vie sociale. «Si peu avons-nous été laissés à nous-mêmes, rapporte lady Durham, en parlant de son mari et d'elle, que je ne le vis pas une seule fois au dîner sans uniforme, du jour de notre arrivée jusqu'à celui de notre départ».

Lord Durham eut tôt fait de se rendre compte que l'opposition raciale entre Anglais et descendants de Français maintiendrait le Canada dans un état de conflit, quels que soient les arrangements politiques auxquels Londres pourrait consentir. Comme son rapport s'adressait, non pas aux Canadiens eux-mêmes, mais au gouvernement de Sa Majesté, il signala le problème en des termes qu'il aurait été offensant d'utiliser s'il s'était adressé directement aux sujets français de Sa Majesté au Canada:

> *On peut difficilement imaginer une nationalité plus dépourvue de tout ce qui peut stimuler et relever un peuple que celle que forment les descendants des Français au Bas-Canada... C'est un peuple sans histoire et sans littérature... La seule littérature que leur langue leur rende accessible est celle d'une nation de qui quatre-vingt ans d'une domination étrangère les ont séparés et, plus encore, les changements que la Révolution et ses suites ont effectués dans tout le contexte politique, moral et social de la France.*

Vint alors la recommandation, claire et nette, formelle:

> *... en tout plan envisagé pour l'administration future du Bas-Canada, le premier objectif devra être d'en faire une province anglaise.*

Parc de l'Esplanade. (*Picturesque Canada*, 1880).

Ce mariage de raison qu'un prince charmant venu de la cour de St. James lui proposait, la fille à marier, «dont la condition serait en quelques années semblable à celle de la plus pauvre paysannerie d'Irlande», allait-elle le repousser ou l'accepter?

De fait le mariage eut lieu, de par la volonté paternelle en quelque sorte. L'Acte d'union des deux Canadas, adopté par les Communes de Londres en juillet 1840, confiait à un même gouvernement la population d'expression française du Bas-Canada et celle d'expression anglaise des deux Canadas. Mais ce fut un mariage politique. La fusion des deux nationalités n'allait pas se réaliser pour autant. Bien au contraire les propositions de lord Durham apparurent aux Canadiens français comme un défi auquel ils répliquèrent avec un entêtement digne de leurs ancêtres normands. De propos délibéré ils prirent le contrepied de ces propositions et leur volonté de survivance s'en trouva raffermie.

Côté religieux, la décision était prise depuis longtemps de part et d'autre. On en restait au statu quo. L'attitude du gouvernement anglais n'aurait sans doute pas été la même si Québec avait abrité un groupe de catholiques parlant anglais ou un groupe de protestants parlant français. Aux yeux des Anglais, même les plus atteints de *papophobie*, on pouvait concéder le catholicisme à ces *habitans* à l'idiome français tout comme l'on pouvait concéder le français à de simples catholiques. Ils ne tenaient ni les uns ni les autres en haute estime. En d'autres termes, les conquérants n'insistèrent pas trop sur la langue parce que le peuple était catholique; ils tolérèrent la religion catholique parce que le peuple était français. Il y eut dès les débuts une sorte d'invitation à la séparation linguistique établie sur la différence de religion non moins qu'à une séparation religieuse fondée sur la différence de langue.

Québec allait donc rester française et catholique. Ses quelque vingt-cinq mille citoyens furent nantis de la mission d'assurer cette permanence problématique. C'est là une affirmation audacieuse mais il se trouva en vérité que la ville de Québec assuma à elle seule ou peu s'en faut le leadership d'un nouvel empire français en Amérique, d'un état franco-catholique sans frontières qui rivalisa par l'unique *revanche des berceaux* avec l'immigration britannique et l'expansion américaine. Le journaliste canadien d'origine américaine J. Castell Hopkins le notait dans un ouvrage consacré au Canada français et publié à Toronto vers 1900:

> *Il en résulte un Canada français qui déborde le Québec et que l'on trouve, dans ses traits essentiels, répandu par groupes dans toutes les provinces du Dominion et les États de la République, gagnant en nombre et en influence mais toujours rattaché au Rocher de Québec et aux institutions, aux privilèges, à la langue et à la religion qui y sont garantis au peuple par la liberté Britannique et protégés par la puissance Britannique.*

Depuis l'époque de cette décision de refus à l'assimilation anglo-américaine, l'ancienne capitale de l'empire français d'Amérique, l'une des capitales du gouvernement rotatif des provinces unies du Canada, la ville bâtie sur un rocher à la frontière du Grand Nord canadien ne cessa d'étonner le monde.

Déjà Québec se distinguait des autres villes d'Amérique pour avoir été le site des principaux faits de l'histoire du pays; elle s'en distinguait aussi par sa condition de forteresse, munie qu'elle était de remparts, de canons, d'une citadelle, pourvue d'une garnison, de sentinelles montant la garde aux portes de la ville, de régiments paradant sur les Plaines d'Abraham. En 1858 le journaliste anglais Charles Mackay voit en elle la ville

> *… la plus antique, la plus singulière, la plus pittoresque et, pour l'histoire et la stratégie, la plus importante du continent nord-américain.*

Un militaire américain du nom de Theller, fait prisonnier par les Anglais en 1812 et gardé à la citadelle de Québec pendant quelques jours, — d'où il parvint d'ailleurs à s'évader avec la complicité des Québécois, — avait vu en ces derniers un groupe assez spécial. «La population de Québec, écrit-il, — leur allure, leurs manières et leur langue, — semble ne pas appartenir à l'Amérique».

David Henry Thoreau également s'étonna de ce qu'il vit à Québec:

J'arrivai enfin sous un portail de pierre massif et bas appelé la porte Prescott, entrée principale de la haute-ville. Ce passage était défendu par des canons, un corps de garde tout en haut, une sentinelle à son poste... On ne rencontrait que des soldats en habits rouges, des prêtres qui traînaient le pas dans leurs vêtements noirs ou blancs..., des soeurs de la Charité en deuil de leur parent décédé, — pour ne pas parler des soeurs de plusieurs communautés qui diffèrent selon leur façon de porter le deuil, — ainsi que des jeunes gens qui appartenaient à quelque séminaire et portaient des redingotes bordées de blanc... Bref les habitants du Canada me semblèrent pris entre deux feux, les militaires et le clergé.

Cette description correspond assez bien à celle de la romancière canadienne Mazo de la Roche aux yeux de qui Québec était une ville «mi-forteresse et mi-pèlerinage».

Sur ce caractère singulier de Québec, les témoignages abondent. «Nous voici en vue de Québec, fait dire Howells à l'un de ses personnages. Venez sur le pont le plus vite possible, — venez et entrez dans le dix-septième siècle». «J'avais enjambé la Révolution française et m'étais retrouvé à la porte de Montcalm», dira l'écrivain américain Longstreth. «Nul coin du monde n'offre une image plus fidèle de la France sous l'ancien régime», écrira le belge Jules Leclercq. En présentant Québec à ses lecteurs, l'écrivain français Georges Blond leur dit qu'ils arrivent dans une ville française du 18e siècle. Aux yeux de Henry Beston, «Québec est une ville française de province du temps de Louis-Philippe qui aurait manoeuvré de façon à être entourée d'une muraille britannique...»

Lord Durham.

Le reste de l'Amérique a sans doute ses gens de religion mais à Québec leur allure est toute différente et leur nombre y est proportionnellement plus grand qu'ailleurs. Les *clergymen*, protestants et catholiques aussi bien, y sont suspects et les Québécois hésiteraient à considérer comme l'un des leurs un religieux anglais ou un prêtre américain portant col romain et veston. En revanche les braves curés de campagne en soutane noire, les franciscains ceints d'un cordon blanc et chaussés de sandales, les frères des Écoles chrétiennes avec leur rabat blanc et leur robe de serge noire, les soeurs aux jupes amples et aux coiffes plus ou moins extravagantes déambulent par les rues avec le plus parfait naturel.

De leurs ancêtres et de leurs cousins de France, les Québécois ont gardé jusqu'à l'allure. Encore en 1950, quand Ernest Watkins fait une promenade dans les petites rues de Québec, il se croit à Lille, au Hâvre, à Bordeaux, tant une jeune femme qu'il croise ressemble à ses contemporaines de ces villes.

La résistance des Canadiens français à l'assimilation ou leur volonté de *survivance* fut lente à avoir son théoricien. L'évêque Plessis, s'il avait réussi à maintenir les privilèges de l'Église catholique au Canada, n'avait cependant formulé aucune théorie sur les rapports de la religion et de la langue. C'était un homme pragmatique à la recherche d'arrangements concrets. Ni ses sermons ni ses mandements ne traitent du problème de la survivance des Canadiens français. Son souci était de sauvegarder «la sécurité, la religion et le patrimoine». Pour y parvenir il fallait être «un sujet loyal, un vrai chrétien et un bon patriote». Ses énoncés de principes n'allaient pas au-delà de ce genre d'affirmations.

L'évêque développait toujours sa pensée en trois points. Jadis professeur de rhétorique, il était demeuré fidèle au principe de l'*amplification littéraire* qu'on enseignait alors dans les collèges. Ses triptyques firent fortune. On ne cessa de les retrouver, sous une forme ou sous une autre, dans les discours politiques, dans les sermons et dans les manifestes de groupements patriotiques. Laurier lui-même ne manquait pas d'y recourir dans ses envolées oratoires et, parlant un jour de ce que la population de Québec avait de plus cher, il mentionna «sa religion, sa loi, sa langue». Certains disaient: «Nos institutions, notre foi, notre langue»; d'autres: «notre langue, notre foi, nos lois».

Les «processions» qui égayaient les rues de Québec lors de la fête de la Saint-Jean-Baptiste, le 24 juin de chaque année, affichaient sur leurs chars allégoriques des bannières portant en lettres énormes: «nos institutions, notre langue et nos lois», ce qui était la devise de la grande société patriotique des Canadiens français.

Il fallut bien un jour ou l'autre passer de ces affirmations passionnées à une théorie de la survivance des Canadiens français dans la mer anglo-saxonne qui recouvrait l'Amérique. Cet honneur ou ce mérite échut à un théologien de Québec du nom de Louis-Adolphe Paquet, prêtre du Séminaire de Québec et subséquemment prélat de Sa Sainteté.

Fils d'un cultivateur de la paroisse de Saint-Nicolas sur la rive sud du fleuve, quelques milles en amont de Lévis, Louis-Adolphe Paquet partagea avec des centaines de prêtres canadiens le rêve d'une civilisation pastorale dans la vallée du Saint-Laurent, où les familles distribuaient leurs fils et leurs filles entre le travail de la terre, — incarnant la patrie, — et le service de l'Église, — incarnant la volonté de Dieu. Impossible d'imaginer sujet plus authentiquement québécois que l'abbé Louis-Adolphe Paquet! Du Saint-Laurent il ne connut jamais que la rive où ses frères labouraient la terre des aïeux et la rive où les prêtres du Séminaire de Québec récitaient leur bréviaire dans les allées bordées de pins et de chênes du Petit Cap, dans le comté de Montmorency, sous l'ombre tutélaire de l'évêque François de Laval. Sa

vision toute simple du monde résultait de la vie également toute simple qu'il menait et qu'il partageait entre les exercices pieux et les séances d'étude, dans la sécurité de son agrégation à la toute-puissante communauté du Séminaire de Québec.

La thèse de la survivance pour elle-même paraissait insoutenable. Durham n'était pas le seul à exprimer cet avis. La plupart des Anglais voyaient la situation du même oeil que lui, notamment Bonnycastle, qui s'écriait:

Il est complètement idiot d'imaginer pour un instant qu'un

L'Esplanade.
(R.A. Sproule, 1832,
Archives nationales du Québec).

rejeton isolé de la grande nation française, maintenant déra-ciné, privé même de liens de famille, puisse se maintenir comme entité exclusive... alors que les Canadiens-français sont coincés dans leur ancienne vallée pastorale entre deux races anglophones également entreprenantes...

Mais pour l'abbé Louis-Adolphe Paquet cela était possible. Cela était possible parce que la présence d'un peuple de langue fran-çaise sur les rives du Saint-Laurent, miraculeusement préservé de l'apostasie de la France révolutionnaire, ne résultait pas d'un hasard historique. Les Canadiens français comme tels prenaient place dans la finalité du monde. De par la volonté de Dieu ils' se trouvaient nantis d'une vocation à l'échelle de l'Amérique.

L'abbé Paquet communiqua pour la première fois son message à ses compatriotes dans la petite église de Saint-Colomb, à Sillery, sur le haut du promontoire qui avait vu les troupes de Wolfe mettre pied à terre dans la nuit du 12 septembre 1759. C'était en 1880, à l'issue de la bénédiction solennelle des bannières de la Société Saint-Jean-Baptiste. Le prédicateur avait choisi pour thème de son sermon ce passage de l'Évangile: «Que pensez-vous de cet enfant? Car la main de Dieu est sur lui». En dressant ainsi une analogie entre le précurseur du Christ, à qui ces paroles se rapportent, et le peuple canadien-français, l'orateur esquissait la conclusion de son discours dès son entrée en matière.

Quelques années plus tard, en 1889, sous le baldaquin doré de la cathédrale de Québec, en présence du cardinal-archevêque, — qu'il appelait «Prince de sang chrétien», — des sommités politiques de l'heure et des représentants du monde diplomatique réunis à Québec pour la fête nationale des Canadiens français, l'abbé Paquet reprit sa thèse patriotique et religieuse. Il s'inspira encore de l'Écriture et commença son discours par ce verset du psaume 126: «Le Seigneur a opéré en nous de grandes choses». Il le termina en faisant des Canadiens français les continuateurs des fils d'Israël miraculeusement tirés d'Égypte et des Francs vainqueurs des Alamans à Tolbiac. Nul ne pouvait hésiter à croire à la destinée providentielle de ce peuple.

Enfin, quand la Société Saint-Jean-Baptiste de Québec célébra ses noces de diamant, l'abbé Paquet, devenu prélat de Sa Sainteté et désormais désigné comme Monseigneur L.-A. Paquet, fut appelé une fois de plus à proposer à ses compatriotes et coreligionnaires sa conception de l'avenir du peuple canadien-français. C'était le 23 juin 1902. Un immense concours de peuple était réuni au pied de la statue de Champlain à l'entrée de la terrasse

Dufferin, sur le sol même qu'avaient foulé Marie de l'Incarnation et François de Montmorency-Laval, face à l'estuaire du fleuve Saint-Laurent, au-dessus de cette rade qui était au coeur de l'histoire du pays. Une fois de plus l'orateur choisit comme thème de son discours un texte de l'Écriture: «J'ai formé ce peuple pour moi; il publiera mes louanges». Ce fut le célèbre *Sermon sur la vocation de la race française en Amérique*, la grande charte du nationalisme canadien-français. Mgr L.-A. Paquet y élaborait un programme mémorable:

> *Pendant que nos rivaux revendiqueront, dans des luttes courtoises, l'hégémonie de l'industrie et de la finance, nous, fidèles à notre vocation première, nous ambitionnerons avant tout l'honneur de la doctrine et les palmes de l'apostolat.*

Ces paroles auraient pu ne traduire que l'enthousiasme d'un ecclésiastique dans un moment de grande émotion. Il en allait autrement. Depuis plus de vingt ans le théologien avait sans cesse repris ce thème devant les élèves du Petit Séminaire de Québec, devant les étudiants de la faculté de théologie de l'université Laval, devant les évêques et les nonces apostoliques, dans les assemblées patriotiques. Il exprimait bien un sentiment universel.

Un point demeurait obscur dans la doctrine du prélat. C'est qu'on ne percevait pas bien si la langue française était appelée à venir à la rescousse de la foi catholique en Amérique ou si ce n'était pas en définitive la foi catholique qui était appelée à épauler le maintien de la langue française. Mgr Paquet avait eu cette profession de foi quelque peu équivoque:

> *Laissons à la religion l'influence qu'elle exerce sur les intelligences. Elle a été jusqu'ici la plus sûre sauvegarde de notre esprit national, de nos idées et de notre langue: elle en sera dans l'avenir l'inexpugnable rempart.*

On retrouve des propos analogues sous la plume de l'un des grands leaders de l'épiscopat canadien à cette époque, l'évêque

Louis-François Laflèche, du diocèse de Trois-Rivières. Écrivant à des Canadiens français établis en Nouvelle-Angleterre, l'évêque leur donnait l'assurance que voici:

> *Oui, tant que vos compatriotes se réuniront au pied du même autel, tant qu'ils écouteront la parole de Dieu qui se fait entendre dans la chaire catholique, ils conserveront sûrement leur nationalité...*

Quoi qu'il en soit de cette question, il n'est pas exagéré de dire qu'à la fin du 19e siècle Québec avait entièrement rejeté la proposition de mariage de lord Durham. Elle tenait à son passé, elle en faisait son présent et elle en ferait son avenir. Québec demeura «la ville des grands souvenirs», dont parle l'homme politique canadien L.-O. David en prenant à son compte l'expression d'Hector Fabre; «la vénérable forteresse sur les eaux de la mer», comme l'a décrite sir Gilbert Parker, d'Angleterre; «la cité sainte et historique, l'aïeule vénérable de l'Amérique», comme l'appellent les Français Gabriel Jaray et Louis Hourticq; «quelque chose d'unique au monde», aux yeux de l'américain Henry Beston.

Déjà isolée sur son rocher dans un coin de l'Amérique, Québec ajouta à sa solitude en s'arrogeant une vocation providentielle qu'il serait bien imprudent de lui accorder comme de lui nier.

LES COURS
DE ST. JAMES ET DE ROME

Dans le premier chapitre de son *Journal d'un Voyage en Europe*, l'évêque Plessis expose au lecteur les raisons qui l'ont engagé à faire ce voyage. Nous sommes en 1819. L'évêque rapporte tout d'abord les pressions qui lui sont venues de son clergé et de certains particuliers «catholiques et protestants». Puis il ajoute:

> *Sir John Sherbrooke, avant de laisser Québec, au mois d'août 1818, lui fit promettre de faire ce voyage, qu'il lui faisait envisager comme pouvant être tout ensemble avantageux à sa santé, à son pays et au clergé catholique à la tête duquel il se trouvait placé. Enfin cédant à toutes ces invitations et persuadé d'ailleurs qu'un évêque du Canada pourrait se montrer avec quelque avantage pour sa religion, aux Cours de Rome et de St. James, il se décida à partir... Muni de l'agrément et des lettres de recommandation de sa grâce le duc de Richmond et des personnes du pays les plus connues en Angleterre, ayant consacré trois semaines à mettre autant d'ordre que possible dans ses affaires ecclésiastiques et temporelles... et après s'être recommandé à Dieu en prenant congé de sa cathédrale, l'évêque de Québec, au milieu d'un concours de citoyens et d'ecclésiastiques, qu'il laisse à d'autres le soin de décrire, s'embarque le samedi, 3 juillet, entre midi et une heure, à bord du Brig le* George Symes, *du port de 285 tonneaux, capitaine Bushby, lequel déjà à la voile semblait s'impatienter qu'on n'eût pas devancé l'heure déterminée pour le départ...*

Translation des restes de Mgr de Laval, 1878. (*L'Opinion publique*).

Ce scénario devait se répéter tout le long du 19e siècle et même au-delà. Les diverses phases de l'histoire de Québec sont reliées à de tels voyages en Europe. Le recours aux influences et les lettres de recommandation y jouent un rôle prépondérant; on aboutit inévitablement à Londres ou à Rome dans le but d'y traiter d'affaires ecclésiastiques et temporelles; les voûtes de la cathédrale de Québec résonnent des oraisons *pro pontifice* et *pro rege* ainsi que des exclamations du *Te Deum*; les foules s'assemblent sur la rue Buade et sur la côte de la Montagne, elles envahissent la terrasse et les quais, elles grimpent sur les toits, elles s'agrippent littéralement aux roches du cap Diamant; les sommités de l'heure s'embarquent avec pompe sur quelque navire amarré au quai de la Reine ou elles débarquent d'un navire qui vient de jeter l'ancre devant Québec.

Les badauds de Québec furent rarement témoins d'événements néfastes. Le Canada était entré dans l'ère parlementaire et l'histoire qui se bâtissait à Québec ignorait désormais les sièges et les bombardements, les ultimatums et les combats.

Si l'on excepte les calamités naturelles dont elle fut loin d'être exempte, — incendies, épidémies, glissements de roc, — on peut dire que la ville, témoin de l'incessant va-et-vient sur le fleuve Saint-Laurent, connut un seul moment pénible. Ce fut quand elle assista, brièvement, comme dans un mauvais rêve, à l'épilogue des troubles de 1837-38.

Dès six heures du matin le 28 septembre 1839, la frégate à trois ponts *Buffalo*, qui était amarrée au quai depuis le 14 août et semblait n'en pas devoir bouger, fut touée hors du port et demeura à l'ancre devant la ville. Vers midi le vapeur *British America* en provenance de Montréal s'aligna contre la frégate, suivi quelques heures plus tard du *King William*, en provenance lui aussi de Montréal. Quels pouvaient être les régiments en frais de quitter le pays? — Les bruits courent dans la foule qu'il ne s'agissait pas de militaires mais de condamnés, notamment des insurgés du Haut-Canada et du Bas-Canada que lord Durham

venait de condamner à la déportation pour leur éviter l'écha-
faud. Les hommes que l'on transbordait des *steamers* étaient les
cent quarante-quatre prisonniers groupés à Montréal en vue de
la déportation. Ceux du Haut-Canada avaient été mis à bord du
King William et ceux du Bas-Canada, à bord du *British America.*
Il ne fut pas question de descendre à terre, les ordres étaient
formels à ce sujet. Comme les vents étaient favorables, le *Buf-*
falo appareilla sans retard et les prisonniers, la tête rasée et revêtus de la livrée des convicts, entreprirent la dernière étape de la
fâcheuse aventure qui devait les conduire jusqu'en Tasmanie et
en Nouvelle Galle du Sud.

Les annales de Québec ne contiennent pas d'autres récits comme
celui-là. L'histoire de Québec n'est peut-être pas une histoire
heureuse, — ne fût-ce qu'en raison des calamités qui ne cessèrent de l'affliger et des conditions sociales déplorables en certains quartiers, — mais c'est une histoire sereine. C'est une
histoire faite de voiliers couverts d'oriflammes et d'*Empress*
blancs emportant ministres et plénipotentiaires; des défilés de
fanfares et d'arches fleuries; de discours, de banquets et de bals;
de vingt et un coup de canons et de splendeurs liturgiques; de
protestations de loyauté et de serments d'amitié; d'une foule
probablement trop privée d'action, tenue à l'écart de tout, heureuse de voir enfin le monde venir à elle, prête à envahir les rues,
à prier, à acclamer, à s'extasier, à brandir les drapeaux qu'il
fallait selon les circonstances.

Or cette histoire, — assez spéciale, il faut l'avouer, «désespéré-
ment édifiante», dirait l'historien Robert Rumilly, — dépend
essentiellement de deux grandes villes d'Europe dont l'autorité
s'étendait sur Québec et qui s'y livrèrent un certain match diplomatique, Londres et Rome.

La liaison Québec-Londres occupe la période qui va de la bataille des Plaines d'Abraham jusqu'au départ des troupes britanniques de la citadelle le 11 novembre 1871. La liaison Québec-
Rome occupe la période qui va du voyage de Mgr Plessis en

Europe jusqu'à la visite de Mgr Merry del Val en 1897, au lendemain de la formation du premier ministère Laurier, alors que d'invraisemblables controverses divisaient l'Église catholique au Canada. Après 1871 et 1897, l'histoire de Québec prit un tour honorifique. C'est d'ailleurs le moment où, sur la façade du palais législatif nouvellement construit, apparut, tirée personne ne sait d'où, la devise *Je me souviens*. L'architecte, sans doute pour justifier les niches et les socles à personnages historiques dont il avait couvert ses plans, y avait inscrit ces trois mots de sa propre initiative.

Avec la fixation du gouvernement canadien à Ottawa, la liaison Québec-Londres perdit de son importance. L'infortunée décision, — «infortunée» pour Québec, — de la reine Victoria avait privé l'ancienne capitale du Canada de son rôle politique. Québec ne faisait plus qu'assister au passage des navires. L'action se déroulait ailleurs. Le jour où elle vit se profiler dans l'ombre de son rocher la dépouille mortelle de George-Étienne Cartier, décédé à Londres et regagnant le Canada en chapelle ardente, — Cartier qu'elle avait bien connu de son vivant, qui logeait en ses murs, qu'elle avait vu discourir en Chambre, danser et chanter aux bals du gouverneur, — elle comprit que son rôle était terminé et que décidément elle était devenue la vieille capitale, la capitale-mère du royaume.

Pendant plusieurs années, Québec s'était grisée d'être la capitale du pays. Quand, sous le régime de l'Union, elle dut partager cet honneur avec Montréal, Kingston et Toronto, elle accepta la perte de cette exclusivité comme l'un des avatars de la conquête. Mais elle fut plus lente à accepter son élimination définitive. Aussi tard qu'en 1866, alors que déjà la tour de la Paix se dressait sur la nouvelle colline parlementaire, au confluent de l'Outaouais et de la Rideau, à Québec on espérait reprendre le titre tant convoité. Cela ressort en tout cas des propos qu'Hector Fabre, ce Québécois d'adoption, tenait au cours d'une causerie prononcée à Montréal en novembre 1866. Fabre était le beau-frère du ministre George-Étienne Cartier. Il est d'autant plus curieux de l'entendre parler comme si le gouvernement pouvait renoncer à Ottawa. On imagine mal John A. Macdonald revenir siéger à Québec! Fabre n'en dit pas moins ceci à ses auditeurs de Montréal:

> *Le Canada a, en ce moment, une capitale de hasard: le gouvernement est à la campagne. Espérons que, lorsque fatigué de la solitude, las de la vie contemplative des bois, l'envie lui viendra de rentrer en ville, il retournera dans l'ancienne capitale. Montréal est assez indépendante de fortune, assez riche, pour faire ce cadeau à Québec.*

C'étaient là de vaines spéculations. Québec ne serait plus jamais la capitale du Canada. Il fallut s'y résigner. Et Fabre de le concéder quelques années plus tard:

> *Ce fut un jour sombre pour la bonne ville de Québec que celui où l'on sut à n'en plus pouvoir douter qu'elle allait cesser d'être la capitale du pays. Elle était accoutumée à être capitale; il y avait si longtemps qu'elle l'était, malgré les infidélités passagères, des courses jusqu'à Toronto. Elle croyait que le gouvernement lui appartenait; que la Confédération, qu'elle avait vue naître, était à elle et que, même en grandissant, elle continuerait à reposer sa tête sur ses genoux, à dormir dans sa chambre, à l'appeler sa mère!*

Cependant Québec allait demeurer l'amie des gouverneurs. De belles pages s'écriront encore dans l'album familial. Lord Dufferin viendra habiter à la citadelle de temps à autre et parfois on se croira encore à l'époque des Canadas unis. Un jour, par exemple, il saluera, du haut du bastion du Roi, le commandant de l'armée canadienne en partance pour l'Europe, comme nous le raconte un témoin, le géographe belge Jules Leclercq:

> *Pendant que je savourais les délices de cette féerique perspective, un coup de canon me tira brutalement de ma rêverie. En me retournant, je vis un personnage accompagné d'une dame et de quelques aides de camp. C'étaient lord et lady Dufferin. Le steamer Moravian, de la ligne Allan,*

> *ayant à son bord le général Smithe, commandant de la*
> *milice canadienne, quittait le port en ce moment, se diri-*
> *geant vers l'Angleterre. Le gouverneur, debout sur une*
> *terrasse, saluait le départ du général par une salve de treize*
> *coups de canon.*

Cela, c'était comme dans «le bon vieux temps»!

Lord Minto y viendra. Comme tous les gouverneurs d'ailleurs. La visite des gouverneurs à la citadelle fut la grande tradition consolatrice des Québécois. C'est à la comtesse de Minto que l'écrivain local Adolphe Routhier dédiera, dans les termes les plus romantiques, son ouvrage sur *Québec et Lévis à l'Aurore du XXe siècle*:

> *Je viens humblement, madame la comtesse, vous demander*
> *d'en accepter la dédicace et de permettre que votre portrait*
> *en fasse l'ornement.*

La liaison Québec-Londres avait signifié beaucoup pour la société de Québec et pour la population en général. La présence anachronique de l'armée anglaise et les manifestations occasionnelles de la royauté, toujours empreintes de courtoisie, ne cessèrent d'emplir le coeur et l'esprit des Québécois. Les habits militaires furent la coqueluche de Québec. Les parades de régiments sur les Plaines d'Abraham ou sur le square de l'Esplanade, aménagé par les soins du colonel Isaac Brock, faisaient le divertissement des promeneurs et des touristes; les défilés de fanfare faisaient la sensation des jours de fête; les jeunes filles, — qui avaient «la passion du militaire anglais», selon l'expression du temps, — invitaient les officiers chez elles.

Isabella Bird, jeune touriste anglaise des années 1850, rend un témoignage amusant sur l'allure de Québec au milieu du siècle:

> *L'agitation incessante de cette ville m'étonna beaucoup.*
> *Chez les gens fashionables, l'avant-midi commençait vers*
> *les neuf heures par un léger déjeuner, après quoi certains*

recevaient des visiteurs, faisaient eux-mêmes des visites ou sortaient en ville... cependant que beaucoup de jeunes dames se promenaient sur la rue Saint-Louis ou sur les remparts, où elles étaient généralement rejointes par les officiers. Plusieurs officiers m'ont dit que nulle part au monde

Le duc de Cornwall à Québec, 1901.

la vie n'était aussi délicieuse qu'à Québec. Un habit rouge jouit d'un grand prestige auprès du beau sexe à Québec...

Un autre témoignage vient d'une vieille dame de Québec qui publia ses *Old Memories*, dans lesquels elle raconte la petite histoire des années 1840. Charlotte MacPherson, — par son mari la cousine de l'écrivain local James MacPherson Lemoine, — avait vendu pratiquement un à un les cinq cents exemplaires de son ouvrage. Elle fournit d'ailleurs à ses lecteurs la liste des souscripteurs. C'était la manière de l'époque. Le poète Pamphile Lemay procédait ainsi. Parlant de la «société» de Québec en son jeune temps, Charlotte MacPherson fait les réflexions suivantes:

*Il y a cinquante ans Québec était une station militaire répu-
tée et, de cette circonstance autant que du fait que la ville
comptait parmi ses membres tant de véritables vieilles familles françaises de l'*ancienne noblesse, *on n'y trouvait point
cette mesquine jalousie entre Français et Anglais... Ils
avaient combattu vaillamment mais, une fois la paix reve-
nue, ils se serrèrent la main avec sincérité et devinrent amis.
Quelle allure différente prit Québec quand les militaires en
furent retirés! Il y régna comme un silence de mort...*

Encore plus que la passion du militaire anglais, Québec eut la
passion de la royauté. Le *king worship* fleurit sur les hauteurs de
Québec autant qu'en n'importe quelle ville de l'Empire. De son
côté l'Angleterre victorienne semblait adopter le Saint-Laurent
comme sa voie impériale de prédilection.

Dans chacune des villes importantes du Canada, les manifestations prenaient le même tour à chaque apparition des membres
de la famille royale. C'étaient, pour reprendre l'énumération
d'un chroniqueur de la suite du prince de Galles en 1860, une
série

*d'arches d'épinette, de coups de canon, de processions, de
levers, de déjeuners, de bals, de départs, de vivats, de foule,
d'hommes et de femmes, d'enthousiasme, de milice, d'enfants d'école, d'illuminations, de feux d'artifice, etc.,* ad
infinitum.

Grâce à son décor naturel, Québec jouissait d'un certain avantage sur les autres villes quand venait l'heure des déploiements.
Pour en revenir à 1860, le 18 août de cette année-là, les Québécois se retrouvèrent en plus grand nombre que jamais dans les
rues de la basse-ville, sur les quais, sur la terrasse Dufferin, sur
les glacis du bastion du Roi, sur les toits des maisons. Se déta-
chant du fond de verdure de l'île d'Orléans, une escadre de
navires de guerre s'avançait vers la ville. Québec recevait Son
Altesse le prince de Galles, le futur souverain Édouard VII.
Aussi longtemps que le *Hero*, qui portait le prince, s'avança vers
la ville, le canon retentit du haut de la citadelle. On aurait pu

Le prince de Galles, 1860.

croire à une attaque. Sur le quai les ministres du cabinet canadien, John A. Macdonald en tête, le maire de la ville et les échevins, l'évêque et quantité de notables, en proie à une extraordinaire agitation, s'apprêtaient à accueillir un jeune homme de
dix-neuf ans que sa mère, la reine Victoria, avait délégué au
Canada en réponse à l'invitation que lui avait faite le parlement
canadien de visiter le pays. Il y eut un défilé triomphal à travers
les rues étroites de la basse-ville, couvertes de drapeaux et d'arches de verdure, la côte de la Montagne et les grandes avenues
de la haute-ville jusqu'aux édifices du parlement. Réceptions,
dîners, discours, bals, séances à l'université, visite chez les Ursulines, le prince se prêta de bonne grâce à tout ce qu'on voulait
bien lui proposer.

Nouvelle apothéose royale en 1901 lors de la visite du duc et de la duchesse de Cornwall et d'York. Du haut des arches on leur jetait des fleurs, un chœur d'un millier d'enfants chanta en leur honneur sur les pelouses du palais législatif.

D'une fois à l'autre il semblait impossible de faire mieux ni de faire plus. Pourtant, quand vint le troisième centenaire de la fondation de Québec, converti en fête de l'Empire, la ferveur royale atteignit son paroxysme et les braves Québécois en furent éblouis pendant toute une génération. Le représentant de la Couronne britannique était encore le prince de Galles, cette fois le futur George V. «Il vint dans la complète splendeur d'un impeccable jour d'été», écrit avec emphase l'historien William Wood. Les escadres de la France et des États-Unis, de l'Angleterre elle-même il va sans dire, mouillaient dans la rade de Québec. On fit de cet extraordinaire spectacle des photos de la longueur d'un mur. Dans les passages du Séminaire de Québec, — sous les combles de la maison de Mgr de Laval, — en cette vieille institution vouée à la cause nationaliste, à la foi catholique, à la vie obscure et besogneuse, ces photos demeurèrent sous les yeux des collégiens et de leurs maîtres jusqu'à la seconde Grande guerre. Québec trouvait-elle vraiment son compte dans ces effusions impériales? — C'était bien l'avis de William Wood:

> *L'héritier du roi d'un empire aussi étendu et trois fois plus populeux que l'ensemble du Nouveau Monde ne venait-il pas rendre hommage au fondateur d'un pays de la grandeur de l'Europe et consacrer son lieu le plus saint, celui où s'était joué le destin des peuples?*

Qu'aurait pensé Alexis de Tocqueville à la vue de tous ces militaires britanniques et étrangers qui foulaient le sol de Québec, de ces «excellences» et de ces «altesses» que tout le monde adulait, de ces «lords» et de ces «sirs» à qui l'univers appartenait? Aurait-il écrit comme en 1831 que

> *le plus grand et le plus irrémédiable malheur pour un peuple, c'est d'être conquis?*

Il y eut en tout cas un homme que les fêtes de Québec n'émurent pas. Il s'agit de cet apôtre légendaire de l'Ouest canadien, le père Albert Lacombe. Le missionnaire oblat avait déjà fait à la capitale l'honneur de sa visite à diverses reprises pour solliciter de l'aide au bénéfice de ses Indiens. Québec l'avait vu en 1886 en compagnie du chef Crowfoot. Quelle image savoureuse que celle de Crowfoot en costume de grand chef indien et du père Lacombe en soutane noire, son crucifix sur la poitrine, en train de passer en revue les troupes alignées sur le square de la citadelle! Quand il fut question des fêtes du tricentenaire de Québec, le père Lacombe refusa net l'invitation de venir à Québec. Il écrivit à son évêque:

> *Non, je ne vais pas à Québec. Il y a beaucoup plus de choses importantes pour un vieux chef des montagnes que d'aller faire la révérence devant les crosses et les mitres des centenaires. Excusez-moi, je crois que je m'oublie — bénissez-moi!*

Les hommes de ce calibre sont plutôt rares. En général on se bousculait pour se trouver sur le passage de la royauté. Ainsi, quand le prince Arthur vint à Québec en 1869 et n'ouvrit pas moins de trois bals, on craignit d'une certaine manière pour la guerre civile. Un chroniqueur de l'époque, Napoléon Legendre, le signale avec humour:

> *... si le prince passait deux mois ici, notre bonne ville, qui est pourtant si sociable, serait toute bouleversée. La moitié de notre population féminine mangerait l'autre... Il est parti avec la marée baissante comme les autres mortels; au point du jour, l'ancre s'est levée, et pendant que plus d'une jeune fille, accoudée à sa fenêtre, savourait dans la nuit les larmes du dernier adieu, le prince s'est envolé et a disparu derrière les hauteurs tranquilles de l'île d'Orléans.*

Arrivée du gouverneur général et de la princesse Louise au quai de la Reine, 1879.

Faut-il comparer les temps nouveaux aux temps anciens, cette royauté correcte et paternelle à l'ancienne royauté frivole et belliqueuse? Cela serait peut-être injuste. Cependant, quand *The Empire Cruise* de 1925 amena une escadre anglaise devant Québec, après diverses escales à Cape Town, à Monbasa, à Singapour, à Fremantle et à Melbourne, le chroniqueur attitré de la randonnée ne put résister à la tentation. Il écrivit:

> *A ceux qui eurent la bonne fortune, comme l'auteur, de la voir s'avancer lentement par un beau jour d'été sur les vastes flots du Saint-Laurent, passé la petite île d'Orléans, l'escadre fournissait un spectacle de beauté et de fierté et plus encore. De l'endroit même où l'auteur se trouvait, au centre de l'île, les braves cultivateurs canadiens venus de leur France bien-aimée, avaient suivi, avec l'angoisse d'hommes qui avaient tout à perdre, l'avance de la flotte anglaise de 1759... Pendant que Wolfe et Montcalm réglaient le destin des nations, ce petit peuple était arraché par les exigences de la guerre à tout ce qu'il aimait et il cherchait refuge dans les bois et les hameaux de la rive. Nombreux furent ceux qui naquirent au cours de cet exil; nombreux furent ceux qui ne revinrent jamais... Mais en ce jour de l'arrivée de l'escadre, le cultivateur français continuait en paix son lopin de terre, le curé restait sans alerte dans son jardin...*

Les jours glorieux de l'Empire duraient. *The Song of the Cities* de Kipling gardait son actualité. Associées à Bombay, Calcutta, Madras, Rangoon, Singapour, Hong-Kong, Halifax et Victoria, Québec et Montréal disaient:

> *Peace is our portion.*

Si l'autorité de Londres sur Québec se manifestait par la venue des fonctionnaires coloniaux et des militaires, des gouverneurs et des membres de la famille royale, l'autorité de Rome s'affirma plutôt par le mouvement inverse. On y vit peu de prélats romains. Il fallut les invraisemblables enchevêtrements politico-religieux de la fin du 19e siècle pour voir apparaître coup sur coup trois légats pontificaux à Québec, un évêque irlandais, un abbé mitré belge et un membre de la Curie pontificale. A ces trois exceptions près, ce fut par les incessantes démarches des membres du haut clergé canadien auprès du Saint-Siège que se traduisit la liaison Québec-Rome.

L'évêque Plessis avait ouvert la voie. Par ses actions subtiles et patientes, par l'exagération consciente d'un préjugé anglophile manifeste, par la suavité de ses paroles et de ses manières, il s'était mis avant la lettre à l'école de la diplomatie romaine. Plessis demeure à l'origine d'une tradition de rapports harmonieux entre l'Église catholique au Canada et le pouvoir politique, dont le trait le plus singulier est son indifférence au problème de l'orthodoxie religieuse. Décidément les Canadiens n'aimaient pas la guerre! Il y eut moins de friction pendant tout un siècle entre les évêques catholiques de Québec et les gouverneurs anglais qu'en une seule année de régime français entre l'évêque François de Montmorency-Laval et le comte Buade de Frontenac. Les Québécois ne voulaient pas plus des guerres de religion que des rivalités entre grandes puissances.

L'évêque Plessis n'eut point de mal à obtenir de Rome le *confirmatur* de ses transactions avec Londres. A bien y réfléchir, c'était un gain extraordinaire pour le Saint-Siège que la libre circulation du clergé catholique entre Québec et Rome et l'application non censurée des directives pontificales aux fidèles catholiques du Canada.

Avec le temps la protection accordée par les Anglais protestants aux catholiques du Canada finit par avoir son impact en la ville même de Rome, dont le pape s'était vu dépossédé en même temps qu'il perdait les États pontificaux. Quand l'inauguration du Collège canadien de Rome, — maison destinée aux prêtres-étudiants du Canada, — eut lieu, en 1888, le cardinal-vicaire de Rome, qui représentait le pape, tint ces propos curieux:

> *J'aime saluer ici M. l'Ambassadeur de votre* Gracious Queen. *Sa présence nous est un gage de la protection que*

vous accordera toujours la Couronne d'Angleterre. Mais n'est-il pas douloureux de songer qu'aujourd'hui, dans Rome même, le Pape est impuissant à couvrir de sa protection souveraine les maisons religieuses et qu'il faut attendre la sécurité des gouvernements étrangers?

En 1836 un tout jeune homme de seize ans s'engagea timidement sur la voie que les accords négociés par l'évêque Plessis avaient pavée entre Québec et Rome. C'était un élève du Séminaire de Québec. Il s'appelait Elzéar-Alexandre Taschereau, d'un nom sans doute bien solennel pour un gamin mais qui allait convenir à merveille au cardinal de l'Église catholique, du titre de la basilique romaine de Notre-Dame-de-la-Victoire, que ce garçon allait devenir en 1887. Le jeune Taschereau prit l'habit ecclésiastique à Rome et reçut la tonsure le 20 mai 1837 en la basilique de Saint-Jean-de-Latran. Par la suite, on le retrouve maintes fois à Rome, notamment à l'occasion de la fondation de l'université Laval, à la fois impériale et pontificale, et à l'occasion du premier concile du Vatican.

L'abbé E.-A. Taschereau eut d'innombrables imitateurs dans le clergé de Québec. Le siège épiscopal de Québec devint la forteresse de Rome sur les rives du Saint-Laurent comme la citadelle, la forteresse de Londres. Et ce n'est pas le moindre paradoxe de l'histoire de la ville que la domination anglaise ait fait de ses prêtres catholiques des ultramontains convaincus, de gallicans qu'ils étaient à l'époque du roi de France. On s'étonne parfois de l'extrême sentiment impérialiste des Anglais établis au Canada. Québec leur rendait bien la politesse avec son allégeance *romaniste* à toute épreuve. C'est le cardinal Taschereau qui devait lui-même définir cette allégeance, — en latin, c'était normal, — pour trancher une querelle avec l'un de ses collègues: *Roma locuta est, causa finita est.* Quand Rome a parlé, on ne discute plus!

S'il n'était plus possible de discuter «après», rien n'empêchait de discuter «avant»! Une tornade de controverses remplit la chronique du 19e siècle à Québec. On se chamailla sur tout, sur les questions politiques, — cela va de soi! — mais aussi sur l'administration des paroisses, la division des diocèses, l'influence indue dans les élections, les biens des Jésuites, la fondation d'une université française à Montréal, les écoles catholiques, les écoles françaises, les métis de l'Ouest canadien; sur la morale, la littérature, la science; oui, vraiment sur tout. Les évêques entre eux discutaient autant que tout le monde. Et, comme si les sujets de querelle proprement canadiens ne suffisaient pas, on importa d'Europe certains débats doctrinaux qui n'avaient vraiment pas leur place en Amérique. On en vint rapidement à discuter sur les mots, faute d'intérêt pour le fond même des questions débattues. Les «ismes» européens, — le modernisme, le naturalisme, le libéralisme, le socialisme, etc. — ne pouvaient rien signifier à Québec. Mais à quoi bon fréquenter Rome, à quoi bon faire à l'occasion une diversion à Paris, si on n'en rapporte rien de sérieux ni de savant?

L'un de ces «ismes» avait pris racine au Canada, le mot en tout cas! Car en politique le Canada possédait un parti libéral. Un parti libéral qui professait le libéralisme, forcément. Attention! le libéralisme, c'était une erreur doctrinale dénoncée par le Vatican! Et Rome de s'émouvoir. Rome, submergée de plaidoyers, de dénonciations, d'appels, de suppliques, — de visiteurs, — à qui le Canada donnait plus de maux de tête que tout le reste de la chrétienté, décida de l'envoi d'un enquêteur officiel pour faire la lumière sur les querelles de ses fidèles d'outre-mer.

Le 24 mai 1877, le très révérend docteur Conroy, évêque d'Armagh en Irlande, légat apostolique de Sa Sainteté Pie IX, descendait à Québec. On l'y reçut avec la curiosité et la pompe coutumière. La foule avait envahi ses points d'observations usuels: la terrasse, les remparts, les toits de la basse-ville. Le maire Owen Murphy lut une adresse de bienvenue au représentant du pape et fit des voeux pour le succès de sa mission «importante et excessivement délicate». A la porte de la basilique-cathédrale, les évêques du Canada, depuis Terre-Neuve jusqu'à Toronto,

Quand Rome a parlé, on ne discute plus!... Le cardinal Elzéar-Alexandre Taschereau.

accueillirent le légat du pape. Au chant du *Te Deum* les évêques escortèrent le légat jusqu'au sanctuaire. L'évêque Conroy donnait la bénédiction aux fidèles tout en se dirigeant vers le trône d'où il devait officier, revêtu d'ornements liturgiques jadis portés par le pape Pie IX et donnés par celui-ci aux prêtres du Séminaire de Québec.

Le légat apostolique devait mourir prématurément, en août de cette année-là même, à Saint-Jean de Terre-Neuve, chez l'évêque Power, l'un de ceux-là qui l'avaient accueilli à Québec mais à qui des liens d'amitié l'unissaient antérieurement.

La présence d'un légat apostolique à Québec y amena un autre visiteur. Un mois après l'arrivée du légat, un député à l'Assemblée législative de Québec, un jeune homme de trente-six ans du nom de Wilfrid Laurier, vint prêter main forte aux libéraux de Québec dans leurs efforts pour capter la faveur de Mgr Conroy. Pendant quelques heures, et par une extraordinaire exception historique, Rome et Québec dialoguèrent à Québec même. Car la conférence que Laurier y prononça le 26 juin 1877 était d'une certaine manière une démarche à Rome. Par-dessus la tête des deux mille auditeurs entassés pour l'entendre dans une salle construite pour en contenir douze cents, Laurier s'adressait au légat pontifical et, par ce dernier, aux membres de la Sacrée Congrégation. Laurier exposa avec calme et patience les différences fondamentales entre le libéralisme politique issu de la tradition britannique et le libéralisme doctrinal professé par Gambetta et d'autres en Europe, lequel faisait de la France, une fois de plus, l'épouvantail religieux du clergé canadien. Il termina sur cet appel passé à l'histoire:

> *Je ne suis pas de ceux qui se donnent avec affectation comme les amis et les défenseurs du clergé. Cependant je dis ceci: comme la plupart de mes compatriotes, j'ai été élevé par des prêtres et au milieu de jeunes gens qui sont devenus des prêtres. Je me flatte de compter parmi eux quelques amitiés sincères, et à ceux-là du moins je puis dire et je dis: voyez s'il y a sous le soleil un pays plus heureux que le*

Dom Smeulders. «Les pèlerinages à Rome ne prirent pas fin pour autant.»

nôtre; voyez s'il y a sous le soleil un pays où l'Église catholique soit plus libre et plus privilégiée. Pourquoi donc iriezvous, par la revendication de droits incompatibles avec notre état de société, exposer ce pays à des agitations dont les conséquences sont impossibles à prévoir...?

De discours comparables à la conférence de Laurier à Québec, l'histoire de Québec n'en contient pas d'autres. Non seulement le parti libéral canadien avait trouvé en Laurier le théoricien dont il avait grandement besoin mais Rome, inspirée par la sérénité et l'art persuasif de l'homme d'État, écartera pour toujours de son horizon canadien les fantômes des conflits doctrinaux. L'évêque Conroy avait été le premier à saisir le message, comme le laisse entendre l'historien Robert Rumilly:

... dans une modeste maison de Sainte-Foy (à Québec), un prêtre-diplomate, retiré dans sa chambre, tournait lentement, de ses douces mains épiscopales, les feuillets de la conférence de M. Laurier.

Cette année-là Québec adopta Wilfrid Laurier comme l'un de ses fils. Le 28 novembre 1877, Laurier devint le quatrième député de Québec-Est à la Chambre des Communes et il devait y représenter ce comté sans interruption pendant quarante-deux ans, c'est-à-dire jusqu'à sa mort survenue en 1919. Les Québécois faisaient cadeau au Canada de l'homme qui allait leur dire:

Nous sommes canadiens-français mais notre patrie n'est pas confinée au territoire ombragé par la citadelle de Québec: notre patrie, c'est le Canada, c'est tout ce que couvre le drapeau britannique sur le continent américain, les terres fertiles qui bordent la baie de Fundy, la vallée du Saint-Laurent, la région des Grands Lacs, les prairies de l'Ouest, les Montagnes Rocheuses, les terres que baigne cet océan célèbre où les brises sont aussi douces que les brises de la Méditerranée.

Si Laurier avait convaincu le délégué papal, s'il avait convaincu ses auditeurs, s'il avait convaincu l'archevêque Taschereau, — qui ne demandait pas mieux, — il s'en fallait de beaucoup qu'il eût convaincu les évêques ultramontains, «plus catholiques que le pape», selon l'expression populaire. Le flux des démarches à Rome reprit si bien qu'en octobre 1883 un deuxième délégué papal fit son apparition à Québec. C'était un abbé mitré de l'ordre des Cisterciens, consulteur de la Sacrée Congrégation de la Propagande, Dom Henri Smeulders. Le drapeau papal flottait sur la ville. La façade de l'archevêché et les maisons de la rue Buade étaient pavoisées. Les cloches sonnèrent à toute volée quand le délégué papal, après être descendu du train à Lévis, traversa à Québec et gravit la côte de la Montagne pour se rendre à la cathédrale. Dom Smeulders bénissait la foule agenouillée sur son passage. Après le chant du *Veni Creator*, il donna aux fidèles la bénédiction apostolique et leur accorda une indulgence de quarante jours.

Les pèlerinages à Rome ne prirent pas fin pour autant. Pour des raisons demeurées obscures, on ne fit pas confiance au vénérable cistercien, de part ni d'autre. Dès 1884 l'archevêque Taschereau reprenait encore une fois la mer pour Rome, en compagnie d'un abbé Bégin, qui allait devenir son successeur sur le siège épiscopal de Québec. Il rentra à Québec la même année et fut reçu, comme l'avait été jadis l'évêque Plessis, au son des cloches et des fanfares, dans les défilés, les bannières et les oriflammes, dans un décor de rues pavoisées et de ville illuminée. C'était le jour même, le 14 novembre, où Dom Smeulders avait quitté la ville pour se rendre à Trois-Rivières, le château-fort des ultramontains, la forteresse de l'archirival en Dieu de l'archevêque Taschereau, l'évêque Louis-François Laflèche.

L'accession de Laurier au pouvoir à Ottawa en 1896 porta un dur coup au prestige du clergé. Dans l'ensemble le clergé canadien continuait de s'opposer au parti libéral et la victoire de Laurier signifiait un net désaveu pour les évêques de la part de la population et une certaine réprobation de leur goût immodéré des affaires temporelles. Comme le fait observer avec humour le biographe de Laurier, Oscar Douglas Skelton,

Ils (les Canadiens français) se refusaient à considérér comme un péché mortel d'élire un Canadien français premier ministre.

Jugée du Vatican, la situation de l'Église au Canada dut paraître alarmante. Le pape Léon XIII confia à un jeune prélat de la Cour pontificale, l'évêque Merry del Val, la mission de venir au Canada et de juger sur place de la position définitive que le Saint-Siège devait prendre sur le problème politico-religieux canadien. Québec l'attendait en mars 1897 avec les honneurs habituels, mais la polémique se déchaîna sous ses yeux mêmes, pour ainsi dire, montrant jusqu'à quel point le virus de la politique avait contaminé l'esprit des Québécois. Un journal écrivit:

La mission de Son Excellence semble avoir pour but principal de racommoder les libéraux avec leurs évêques... il échouera comme ont échoué avant lui l'illustre Pie IX et Notre Saint Père le Pape Léon XIII, dans leurs tentatives apostoliques de ramener à la vraie doctrine les maîtres et les disciples du libéralisme.

Un autre journal rétorqua:

Il aura enfin sous les yeux, dans notre monde politique, ceux qui cherchent la religion pour leurs fins éternelles et ceux qui l'accaparent pour leurs fins temporelles.

La suite de ce récit appartient à l'histoire, une histoire aussi embrouillée que passionnante.

Avec le 20e siècle, les relations de Québec avec Rome prirent un tour académique comme l'avaient fait les relations impériales à partir de l'époque des visites royales. Il y eut le Congrès eucharistique de Montréal en 1910, le Congrès eucharistique de Chicago en 1926, le Congrès eucharistique de Québec en 1938. Chaque fois les transatlantiques amenant en Amérique les représentants du Saint-Siège arborèrent le drapeau papal à côté de l'*Union Jack* et du *Red Ensign* et s'arrêtèrent au quai de Québec. Mais le Saint-Siège ne venait plus faire enquête.

N'empêche que, pendant plus de cent ans, cette petite ville installée au bord du bouclier canadien avait fréquenté la cour des rois d'Angleterre et celle des princes de l'Église catholique romaine.

LA CONVERSION
DE L'ANGLETERRE

L'importance de la religion dans la vie de Québec n'échappait à personne. Dès le début du 19e siècle, la ville comptait un clergé nombreux et l'éclat des offices liturgiques qui se déroulaient dans ses églises contrastait avec le caractère banal des autres secteurs d'activité. On ne manquait pas d'aviser les visiteurs de pénétrer dans les églises et, même s'ils étaient presque toujours protestants de religion, ils ne se faisaient pas faute d'assister aux cérémonies du culte catholique. Il y venaient d'autant plus volontiers que ces cérémonies étaient réputées en Europe pour leur éclat et leur solennité.

Les touristes étaient donc fort occupés le dimanche à faire le tour des églises et des chapelles. Ils entendaient la grand-messe à la cathédrale; ils passaient chez les Ursulines pour le chant des vêpres; on les retrouvait finalement au salut solennel du Saint-Sacrement chez les Soeurs franciscaines.

Adam Hodgson, qui vint à Québec en 1822, visita la cathédrale catholique, où il retrouva à un degré «non inconsidérable» de splendeur les cérémonies captivantes du culte romain. Il décrit ainsi l'office du dimanche de Pâques auquel il assista:

> *Un cortège de pas moins de cinquante prêtres portant l'étole et de choristes entourait l'autel: l'évêque officiait* in pluris pontificalibus, *mitre dorée en tête; l'orgue résonnait, la fumée s'échappait des encensoirs d'argent; les foules agenouillées remplissaient les trois nefs; spectacle que bien peu de*

gens, croyants ou non, peuvent regarder avec une absolue indifférence.

En 1843, c'est James Buckingham qui nous décrit les exercices de la retraite annuelle qui se déroulait en la cathédrale. Ses propos revêtent un intérêt d'autant plus grand que, cette année-là, les fidèles avaient la bonne fortune d'entendre l'évêque de Nancy en France, de Forbin-Janson, le fondateur de l'Oeuvre de la Sainte-Enfance, que des milliers d'enfants des écoles de France et du Canada allaient connaître et à laquelle ils allaient contribuer sou par sou pendant près d'un siècle. Le visiteur commence par décrire la cathédrale elle-même:

La nef est très élevée, elle va aussi haut que le toit; mais les nefs latérales sont basses et un passage se poursuit le long des arches qui les séparent. Le maître-autel est orné de façon superbe; il est surmonté d'une charpente de bois, qui ressemble à une couronne colossale, richement sculptée et dorée, et qui donne à l'ensemble une apparence majestueuse.

Buckingham décrit ensuite les exercices de la retraite:

Chaque matin l'évêque de Nancy prêchait aux femmes exclusivement à neuf heures et chaque soir, aux hommes exclusivement à sept heures; entre ces heures, il y avait messe, on entendait les confessions, on faisait des prières et des pénitences... Je me suis laissé dire que cette pratique de déterminer une période de temps, comme cette semaine de retraite, pour la consacrer à des exercices de piété, à l'écart du monde et des affaires, en se livrant à la confession, à la pénitence, au jeûne et à la prière, pour obtenir l'absolution pour le passé et l'indulgence pour l'avenir, est assez répandue dans l'Église catholique. Je fus vivement frappé à la

Église paroissiale. (*Picturesque Canada,* 1882).

vue des foules qui se présentaient à l'heure des sermons du matin et du soir et à vrai dire à toute heure du jour car il ne s'écoulait jamais cinq minutes sans que des gens n'entrent ou ne sortent.

La fréquentation de l'église n'était pas seulement l'affaire des dimanches et des semaines de retraite. L'esprit de dévotion qui se manifestait les jours ordinaires n'était pas moins édifiant que la piété des grandes occasions. Il suffit pour s'en rendre compte de suivre John McGregor à la cathédrale un jour quelconque de 1832:

La cathédrale est un grand édifice, avec un dôme massif et une flèche. A l'intérieur elle exhibe la grandeur imposante des églises romaines. L'autel est magnifique. Des images et des peintures s'alignent sur les murs; des lampes, projetant une lueur incertaine et entretenues par de vieilles femmes, brûlent sans interruption. Elle est ouverte à toute heure. Il est toujours permis d'entrer et d'y marcher en silence. Au moins un prêtre s'y tient du matin au soir. Quand je fis une remarque à un gentleman qui m'accompagnait pour la visite de l'intérieur de cette cathédrale, un prêtre âgé à l'air doux, vêtu de l'habit sacerdotal, s'approcha de moi aussitôt et me dit: «Ne parlez pas ici, monsieur: c'est la maison de Dieu». Il y a toujours des gens à genoux le long des bas-côtés ou contre les colonnes, le visage tourné vers l'autel; comme on passe, on peut entendre le murmure à demi étouffé de leurs dévotions. En un moment pareil plutôt que durant la célébration pompeuse de la grand-messe, peu de visiteurs n'ont pas ressenti un sentiment de révérence plus profond et une conscience plus intense de la présence du Tout-Puissant qu'on ne ressent dans les temples protestants.

David Thoreau a des réflexions semblables dans son livre sur le Canada. Après avoir visité une église de Montréal, il écrit:

... l'atmosphère calme et religieuse de l'endroit m'impressionna. C'était une grande retraite au milieu d'une ville...

> *Une pareille retraite, à portée de la main, où on peut péné-*
> *trer n'importe quel jour, vaut mille de nos églises qui ne*
> *sont ouvertes que le dimanche — à peine le temps d'un*
> *aérage — et puis remplies d'une congrégation bruyante.*

A l'occasion la ferveur religieuse débordait dans la rue. Québec n'a jamais connu le respect humain et les fidèles de ses paroisses voulaient bien sortir des temples en procession, prier ou s'agenouiller à l'extérieur chaque fois que les rubriques du culte le proposaient. Les innombrables processions, pèlerinages et cérémonies religieuses dont les rues de Québec ont été témoins ont valu à la ville sa réputation de ville médiévale encore plus que ses remparts et sa citadelle. Une partie des remparts pouvait remonter au régime français tandis que la citadelle était l'oeuvre du gouvernement britannique. Ces ouvrages n'avaient rien de moyenâgeux. En revanche les processions de la Fête-Dieu remontaient à l'époque du pape Urbain IV, de saint François d'Assise et de saint Thomas d'Aquin, c'est-à-dire au 13e siècle. L'origine des pèlerinages se perd dans les premiers siècles chrétiens. En ce sens Québec pouvait mériter l'appellation de ville médiévale.

Même en dehors de toute manifestation religieuse, Québec revêtait un aspect clérical qui étonnait fort les étrangers.C'est que le monde ecclésiastique s'y manifestait partout. Un touriste en fait la description suivante:

> *Soeurs de la Charité vêtues de gris, prêtres en soutane noire*
> *et religieuses, moines en bure brune et frères en sandales*
> *vont et viennent furtivement selon leurs affaires; à l'occa-*
> *sion l'on verra quelque haut dignitaire de l'Église, peut-être*
> *son Éminence le cardinal lui-même lors de quelque fête reli-*
> *gieuses; cependant que les files d'élèves des séminaires et*
> *des couvents, sous la surveillance des frères ou des soeurs,*
> *ajoutent à l'impression de Moyen-Age.*

Ce tableau est loin d'être complet. En plus des Franciscains vêtus de la bure, ceints d'un cordon blanc, qui allaient en sanda-

les, la tête rasée, on voyait les Dominicains avec leur tunique de flanelle blanche, leur immense scapulaire de laine et leur chape noire, les Pères Blancs d'Afrique revêtus de leur burnous; les Oblats de Marie-Immaculée, avec un grand crucifix pendu au cou; et quantité de représentants d'autres ordres religieux, dont plusieurs, chassés de France, étaient venus chercher au Canada un champ d'action.

Depuis longtemps déjà l'exubérance vestimentaire et les moeurs singulières des clercs avaient disparu du monde anglophone. L'évêque Plessis l'avait noté dès son voyage à Londres en 1819:

> *Les religieux ont soin de ne pas s'appeler pères ni frères, même entre eux, ni de porter des noms de religion hors de la maison professe... Ils mènent petit train, ainsi que les prêtres séculiers, tant de la ville que de la campagne, sont logés à l'étroit, mais proprement et même élégamment habillés, poudrent leurs cheveux et portent des bas de soie pour aller en compagnie. A voir deux ou trois jeunes bénédictins se tenir par-dessous le bras et marcher dans les rues, vous les prendriez pour des jeunes bourgeois ou pour des commis de la ville...*

On comprend que les habitudes romanisantes du clergé québécois aient fait crier d'étonnement les touristes anglais et américains. Une ville d'allure médiévale en pleine Amérique, c'était à leurs yeux le comble du paradoxe. Le style de vie adopté ici par les prélats de tous rangs et les évêques, inspirés de la manière romaine, contrastait notamment avec l'allure démocratique du clergé américain. L'économiste et homme politique anglais Charles Wentworth Dilke, qui avait fait en 1866 le tour du monde anglophone, dresse un intéressant parallèle entre le cardinal Taschereau, de Québec, et le cardinal Gibbons, de Baltimore:

> *Il est impossible à deux choses de dégager un plus fort contraste que le cadre des chefs de l'Église catholique romaine*

Consécration d'un évêque en la basilique de Québec, 1871. (*L'Opinion publique*).

> *des États-Unis et du Canada respectivement. Le cardinal Taschereau, lorsqu'il reçoit à son vieux palais de Québec, dans un salon où pendent les portraits de ses prédécesseurs depuis les premiers jours français, est l'incarnation du système aristocratique catholique romain. Le cardinal Gibbons, recevant dans sa maison sans prétention de Baltimore, symbolise l'allure démocratique de l'activité moderne de l'Église. La différence dans le cadre entourant les prélats correspond à la distance qui sépare la France de Louis XIV de l'Amérique de notre temps.*

Si dense était la présence catholique romaine à Québec, si intense était la piété des fidèles qu'on aurait pu s'attendre à un fort mouvement de prosélytisme vis-à-vis des protestants. La capitale de l'Amérique du Nord britannique et la succursale américaine de la Rome des papes logeaient à la même enseigne. N'allait-on pas assister à une répétition de l'apostolat des premiers chrétiens auprès des serviteurs de la maison impériale? De Québec, — comme de toutes les villes et localités du Canada français, — partaient des contingents de missionnaires qu'on retrouvait à la grandeur de l'Amérique et qui débordèrent bientôt dans les autres continents du monde. La conviction ne manquait donc pas. Et alors on se pose tout naturellement la question: Québec n'allait-elle pas chercher à convertir l'Angleterre protestante?

Il n'en fut rien. Quand Frances Monck rendit visite aux Ursulines, elle se réjouit de ce que les sœurs ne lui parlent point de religion. C'était en 1864. «Les romanistes ne sont pas zélés par ici», note-t-elle avec satisfaction. Cette remarque faisait écho aux observations de lady Aylmer qui informait ses correspondants que les protestantes étaient admises au couvent des Ursulines mais qu'on n'y faisait aucune tentative pour les convertir au catholicisme.

Il convient de rappeler ici que les gouverneurs anglais du Canada avaient hérité du privilège des rois de France de pénétrer dans les monastères sans égard à la clôture monastique. Les gouverneurs pouvaient déléguer ce privilège à leur entourage et à leurs hôtes. Une visite au cloître de la rue du Parloir prenait ainsi l'allure d'une flatteuse exclusivité. Au surplus la présence de religieuses cloîtrées, qui cultivaient dans une capitale de l'Empire un jardin concédé par le roi de France et, à deux pas de la citadelle, gardaient dans une châsse le crâne de Montcalm mort dans leurs bras, constituait une curiosité suprême aux yeux des sommités du monde galonné britannique. Les chroniques des visiteurs anglais ne sont pas loin de faire autant état du monastère des Ursulines que des Plaines d'Abraham. Le colonel Wood nous a laissé des phrases éloquentes, dans *An Ursuline Epic*, sur les filles spirituelles de soeur Marie de l'Incarnation:

> *Qui ne souhaite franchir un jour cette porte intérieure massive, gardienne des cloîtres inviolables de l'un des édifices les plus romantiques au monde, qui a été une porte d'honneur pour les gouverneurs de l'Empire français ou britannique et pour les hôtes royaux qui ont mis le pied au Canada et que seul l'ordre personnel des rois et des vice-rois peut ouvrir?*

Ainsi ce fut derrière les grilles du cloître de la rue du Parloir que protestants et catholiques purent se mesurer face à face dans ce que les uns et les autres avaient de plus absolu, dans ce qu'ils avaient de mieux réussi au sens où chaque groupe définissait la vie. Les confrontations les plus radicales de l'histoire de la chrétienté eurent lieu dans un petit cloître colonial sans comparaison possible avec les augustes colonnades des cloîtres d'Europe, où de frêles religieuses au front couvert d'un bandeau blanc escortaient les puissants d'un empire protestant dans les passages conduisant à leurs cellules de moniales. Les religieuses n'aimaient pas montrer leurs cellules, «ces lieux froids et tristes», disait lady Dufferin. Mais comment le refuser à un prince de Galles?

Parmi tous les aristocrates anglo-protestants qui franchirent la grille du monastère des Ursulines, il se trouva à tout le moins une femme capable de souscrire à l'idéal de vie contemplative des religieuses. En commençant son journal canadien, Louisa

Anne Call, la femme de lord Aylmer, s'était recueillie. Puis elle avait composé une prière, *Prière pour demander à Dieu qu'il aide mon mari dans sa tâche de gouverner le Canada.* Souvent au cours de son récit elle a des élans mystiques:

> *Je me représente toujours cette charmante anecdote de Marie aux pieds du Christ pendant que Marthe s'affaire aux travaux domestiques, comme l'image véridique de nos propres coeurs, et je découvre toujours en moi cette Marthe alors que je désirerais y trouver une Marie...*

Les Ursulines lui manifestèrent beaucoup d'amitié, — comme d'ailleurs les Hospitalières de l'Hôtel-Dieu. Elles lui envoyaient des fleurs et des produits de leurs fermes. Elles l'invitaient aux concours scolaires et la priaient d'attribuer les prix. Lady Aylmer assistait aux cérémonies de première communion. Elle en est même étonnée et à une correspondante elle écrit:

> *Quand je vais chez elles, on me montre tant d'affection que vous ne pourriez croire que je suis considérée comme une hérétique.*

Mais lady Alymer ne se convertit pas au catholicisme. William Wood ne se convertit pas au catholicisme. «Que fait ici cette beauté, séquestrée et emmurée sans aucun espoir de triomphe?» s'écrie-t-il à la vue d'une jeune et jolie religieuse qu'il aperçoit dans un défilé, parmi ces femmes toutes habillées pareillement. Ni l'un ni l'autre n'étaient convaincus; peut-être au fond de leur coeur ni l'un ni l'autre n'étaient-ils d'accord?

Devant le phénomène catholique, le monde anglo-protestant demeure d'une fermeté monolithique. Les Ursulines ne l'auront pas converti; elles n'auront même pas tenté de le faire. En revanche elles auront une attitude des plus agressives envers les catholiques passant au protestantisme. Elles les traiteront de «lâches chrétiens», d'«âmes vénales». Elles dénonceront les mariages mixtes comme de «honteuses spéculations». Elles se flatteront de résister à l'influence protestante; elles chercheront à se rassurer elle-mêmes sur la solidité du bloc catholique. Elles s'écrieront:

«Vous ne pourriez croire que je suis considérée comme une hérétique.»
Lady Aylmer. (Archives nationales du Québec).

> *NON! L'ennemi de notre foi n'a jamais pu se glorifier d'avoir fait de larges brèches dans les rangs catholiques du pays.*

L'attitude des Ursulines envers les protestants, déférente quand il s'agit des protestants eux-mêmes, intransigeante quand il s'agit de leurs élèves de foi catholique, fait écho à celle du clergé en général. On reste songeur. Tout le monde paraissait être tombé d'accord sur un postulat, à savoir qu'il est bon d'être protestant mais qu'il est exécrable de le devenir. Pourtant ces deux propositions se réconciliaient mal et le premier à s'en apercevoir avait été l'évêque Plessis lui-même.

Relatant son séjour à Londres en 1819, l'évêque parle d'un nommé Balbirnie chez qui il avait logé pendant quelques jours. Balbirnie était un fervent méthodiste. Il était assidu aux assemblées de sa secte. Les membres de sa famille et lui récitaient en commun les prières du matin et du soir, ils chantaient des psaumes à mi-voix. Impossible d'imaginer gens plus honnêtes, plus simples, plus paisibles que ceux-là! Les Balbirnie édifient l'évêque au point que le voici tout perplexe:

> *Que de catholiques, même parmi ceux qui passent pour exemplaires, chez lesquels leur religion n'opère pas d'une manière aussi prononcée et aussi frappante! Ils se rassurent sur ce qu'ils possèdent la vraie foi, et c'est sans doute un précieux avantage. Mais quel est le plus près du royaume des cieux? Est-ce le catholique qui a la foi sans les oeuvres, ou l'hérétique qui a les oeuvres sans la foi?...*

Peut-être faut-il voir dans cette incertitude de l'évêque Plessis l'explication d'un fait curieux. Au début des années 1800 le même évêque de Québec avait chargé l'un de ses prêtres de rédiger un traité destiné à réfuter les objections «de la confession anglicane contre l'Église catholique et sa doctrine». En 1813 l'auteur présenta à l'évêque un ouvrage intitulé *Lettres dogmatiques*, dans lequel il faisait vigoureusement le procès de la Réforme et dénonçait le prosélytisme des nouveaux maîtres du Canada:

> *Comment justifier certaines tentatives de protestantiser nos Canadiens?... Le Canada décatholicisé se précipiterait dans le déisme, l'athéisme, tous les excès, toutes les erreurs...*

L'ouvrage ne parut jamais. L'évêque s'entendait trop bien avec les gouverneurs anglais et les haut gradés pour risquer un affrontement sur les questions dogmatiques. Le manuscrit prit en silence le chemin des archives. Aucune inquiétude ne vint troubler le sommeil des protestants... ni celui des catholiques.

Cette attitude ne se démentit jamais par la suite. Bien au contraire, le haut clergé se précipitait à la rencontre des membres de la famille royale ou des gouverneurs et de leurs escortes. Quand un visiteur illustre s'annonçait chez les Ursulines ou chez les Hospitalières, l'évêque ou le grand-vicaire s'empressait de s'improviser hôte et guide à la fois. C'est lui qui animait la conversation, les religieuses ayant peu à dire, cela s'explique bien. Le haut clergé cultivait l'amitié des gouverneurs. Lors de la mort du grand-vicaire Cazeau, l'évêque de Québec prit la peine d'en aviser lord Dufferin, qui était alors ambassadeur britannique à Saint-Pétersbourg. Les petits faits de ce genre sont aussi nombreux que révélateurs.

On retrouve la même attitude dans les manifestations universitaires. En 1864, ce fut des mains du gouverneur anglo-protestant que les premiers docteurs et les premiers bacheliers de l'université Laval, institution officiellement catholique, créée par une bulle pontificale, reçurent leurs diplômes. Il est vrai que l'université devait sa fondation à lord Elgin. Le projet de fondation d'une université catholique romaine à Québec n'aurait pu être agréé de Londres sans la puissante intervention du gouverneur. De là ces propos, par ailleurs incompréhensibles, que le recteur de l'université tint à ses auditeurs dans son discours d'inauguration:

> *... les élèves de l'Université associeront dans leur reconnais-*
> *sance le nom du comte Elgin à celui de François de Mont-*
> *morency.*

Tout autre était l'attitude du haut clergé quand le protestantisme menaçait de pénétrer chez les Canadiens français. Dans les archives de la paroisse de Saint-Sauveur de l'année 1861, on relève une admonestation de l'évêque à ce sujet:

> *Les protestants font de grands efforts pour s'introduire*
> *dans la paroisse. Il est donc important que les pères s'ins-*
> *truisent pour les combattre et veillent pour empêcher leur*
> *introduction dans le troupeau.*

L'avance du protestantisme venait surtout des mariages mixtes. On eut tôt fait d'observer que la plus puissante barrière à ces mariages mixtes, ce n'était ni la réprobation des évêques et des curés ni les prescriptions du droit canon ni les peines ecclésiastiques, c'était la différence de langue. L'exemple de l'Ontario était significatif. Alors qu'Irlandais catholiques et Anglais protestants s'unissaient allègrement par les liens du mariage, les mariages mixtes impliquant un conjoint canadien-français ne représentait qu'une fraction assez faible du total des mariages mixtes. De là se dégagea peu à peu cette théorie de la langue gardienne de la foi. Dans la stratégie épiscopale, le français fut la langue de l'isolement, la langue de la mise en quarantaine de la foi catholique, l'enclos à l'intérieur duquel garder le troupeau en toute quiétude. On ne risquait rien à flirter en haut lieu avec les anglo-protestants aussi longtemps que, pour la masse des fidèles, la barrière de la langue demeurait gardienne de la foi.

Mgr Joseph-Octave Plessis.

Il y eut donc une langue catholique, — la française, — et une langue protestante, — l'anglaise. Aux yeux du clergé et des tenants de cette doctrine, toute production de langue anglaise, — livres, journaux, revues, pièces de théâtre, — était *ipso facto* protestante et correspondait à un «désir immodéré de jouissance», à l'«hérésie», à l'«apostasie», à l'«irréligion», à la «déchristianisation».

Cette bizarre orthodoxie étonnait les protestants et gênait les catholiques de langue anglaise. Beckles Willson, qui était protestant, cherche aussi poliment que possible à détourner les évêques francophones de leur manière politique de diriger l'Église:

> *Il est possible que la hiérarchie fasse erreur en tenant la bride trop serrée à ses fidèles, en cherchant à régler un peu trop intimement les affaires séculières de ses communiants, en croyant pouvoir entraver les tendances morales, sociales et intellectuelles de notre âge. Parmi les erreurs du clergé, j'ai déjà souligné celle qui consiste à surestimer la valeur de la langue française comme sauvegarde de la foi, à surestimer le danger d'une bonne connaissance de l'anglais et du contact avec les communiants anglais, irlandais et écossais.*

Et Willson de se demander si vraiment les évêques désirent amener les millions de catholiques de Grande-Bretagne et des États-Unis à croire que la langue française est indispensable à la sauvegarde de la foi catholique.

Une certaine offensive contre cette théorie s'élabora chez les catholiques eux-mêmes. Dans le camp anglophone on avait lu le livre du sociologue français André Siegfried sur le Canada, paru en 1906, et en particulier le passage que voici:

> *... l'Église, dont la pensée profonde est de maintenir français les Canadiens pour les maintenir catholiques, a compris immédiatement que l'isolement était la première sauvegarde d'une individualité menacée, de tous côtés, par l'environnement du Nouveau Monde. Tous ses soins tendent donc à*

séparer autant que possible son troupeau du reste de l'Amérique; plutôt que de chercher à faire des conversions dans le camp adverse, entreprise ingrate et difficile, elle s'attache, avec bien autrement d'énergie, à garder les âmes que le passé lui a transmises.

Quand l'archevêque de Westminster, le futur cardinal Bourne, vint au Congrès eucharistique de Montréal en 1910, il tenta de raisonner les Canadiens français:

Si la grande nation que le Canada est destiné à devenir doit être gagnée et gardée à l'Église catholique, on ne pourra y parvenir qu'en faisant connaître les mystères de notre foi aux futures générations par le moyen de notre langue anglaise. En d'autres termes, l'avenir de l'Église en ce pays... dépend au plus haut point de la mesure où la puissance, l'influence et le prestige de la langue et de la littérature anglaise pourront pencher décidément du côté de l'Église catholique.

En ces termes se trouvait proclamée la vocation universelle de la langue anglaise dans la ville bilingue de Montréal, du haut de la chaire de la cathédrale de Notre-Dame, issue des plans de l'architecte irlandais James O'Donnell. Et l'évêque Bourne de poursuivre:

Dieu a permis que la langue anglaise se répande largement dans le monde civilisé et son influence va croissant. Aussi longtemps que la langue anglaise, les modes de pensée anglais, la littérature anglaise, — en un mot la complète mentalité anglaise n'aura pas été mise au service de l'Église catholique, l'oeuvre de salut de l'Église souffre préjudice.

On imagine sans peine l'émoi des catholiques canadiens-français. L'orateur venait de reprendre, après soixante-dix ans, la proposition d'assimilation de lord Durham. Mais l'évêque disposait d'un argument d'autorité qui faisait défaut à Durham. C'est que, en 1897, le pape Léon XIII avait requis les fidèles catholiques de prier pour le retour de l'Angleterre au bercail de la seule et unique Église de Jésus-Christ. Dans ce but Léon XIII avait institué l'archiconfrérie de Notre-Dame de Compassion et, — geste paradoxal, — il en avait confié la direction à la compagnie française des Prêtres de Saint-Sulpice, à Paris. L'argument n'émut en rien l'archevêque de Montréal, qui répondit sèchement à l'évêque Bourne que l'Archiconfrérie de Notre-Dame de la Compassion était déjà établie dans sa ville. Il ajouta que les catholiques du Canada français seraient heureux de prier aux intentions de l'archevêque de Westminster.

On ne trouve rien de plus dans les annales du clergé canadien-français au sujet de la conversion du monde anglo-protestant. A Québec même, il ne semble pas que les évêques aient jamais levé le petit doigt ni même remué les lèvres pour rallier les protestants au catholicisme.

Les évêques français venus au congrès de Montréal avaient eu cette préoccupation cependant. Quand Mgr Touchet, l'évêque d'Orléans, avait quitté Londres pour Liverpool, où il devait s'embarquer pour l'Amérique, il avait recommandé aux pèlerins français qui l'accompagnaient de prier pour la conversion de l'Angleterre. Il va sans dire qu'à Montréal les évêques français demeurèrent neutres dans le débat qui opposa de façon fracassante l'évêque Bourne à la portion francophone de l'épiscopat canadien.

Bourne n'eut pas plus de succès que Durham.

Quand eut lieu le Congrès eucharistique de Chicago en 1926, on put se rendre compte que les Canadiens français n'avaient pas bougé d'une semelle. Un fils de Québec devenu premier ministre de sa province, Louis-Alexandre Taschereau, y parla du «rôle de l'État chrétien». Louis-Alexandre Taschereau était le neveu du cardinal du même nom. Cédant à la propension des Canadiens français à parler d'eux-mêmes, le premier ministre de la province de Québec reprit le thème favori de ses compatriotes:

Du petit peuple évangélisateur de l'aurore du XVIIe siècle
sont issus trois millions d'enfants, qui couvrent aujourd'hui

tout le continent... Un grand nombre des nôtres sont au-
jourd'hui citoyens de la république américaine. Missionnai-
res modernes, ils semblent appelés à jouer le rôle tenu par
les pionniers d'il y a trois siècles et la main invisible qui
guide les peuples comme les individus paraît leur avoir con-
fié une mission analogue à celle dont se sont si noblement
acquittés leurs ancêtres.

Il y eut désormais deux vocations providentielles rivales, la vocation de la race française en Amérique et la vocation de la langue
anglaise en Amérique.

Il est évidemment difficile de porter un jugement en ces matiè-
res. Chacun aime être l'instrument de Dieu. Chaque groupe
ethnique aime détenir un charisme. Chaque idiome peut servir
les bonnes causes et les mauvaises causes. La chrétienté n'était
pas encore entrée dans l'ère de l'oecuménisme.

Que faut-il retenir de l'expérience religieuse de Québec au 19e
siècle? Les évêques catholiques romains avaient fait de leurs
ouailles de langue française une chasse gardée. Sur ce troupeau
docile ils exerçaient une autorité très ferme, despotique à l'occasion. Mais en cette matière ils eurent toujours bonne conscience,
honnêtement persuadés que l'Église et l'État se partageaient,
dans une sorte de plan divin, le gouvernement de la société. Le
théologien Louis-Adolphe Paquet multipliait les affirmations
emphatiques là-dessus. Lui qui associait avec tant de conviction
la langue française au maintien de la foi chrétienne et qui proclamait:

L'idiome béni que parlaient nos pères nous a transmis leur
foi, leurs exemples, leurs vertus, leurs luttes, leurs espéran-
ces et il touche de si près à notre mission qu'on ne saurait
l'en séparer,

eh bien! cet homme proclamait avec non moins de conviction
l'alliance nécessaire du pouvoir civil et de l'autorité religieuse. Il
disait:

Sans doute, en ce dernier siècle, les gouvernements civils, justement soucieux des progrès de l'éducation et de la gloire intellectuelle de notre chère patrie, ont beaucoup fait pour venir en aide à l'insuffisance des parents. Mais qui pourrait nier que dans ce vaste mouvement la part la plus large et la plus importante appartienne à l'Église? Qui pourrait méconnaître les immenses services que le catholicisme, protecteur-né des arts, des sciences et des lettres, rend chaque jour au pays et à la jeunesse canadienne?

Il adjurait les fidèles, — et les gouvernants, cela va sans dire, — de maintenir cette alliance:

Jurons, mes frères, de ne jamais séparer ces deux forces amies, d'affirmer au contraire en toute conjoncture les droits de Jésus-Christ dans le gouvernement des nations.

Il s'agit là d'une théologie ébauchée à la pièce pour ainsi dire à partir du type de société soumis à l'observation. Les évêques, quant à eux, emboîtaient le pas. Ils tiraient du reste une satisfaction évidente de l'exercice de l'autorité. En hommes pragmatiques, — qui ne devient pragmatique dès qu'on touche aux affaires temporelles? — ils surent recourir aux accommodements quand il le fallait, fort heureux par ailleurs de leurs bonnes relations avec l'autorité publique. C'est encore l'abbé Adolphe Paquet qui se charge d'énoncer la théorie utile en l'occurrence. Après avoir relaté comment l'évêque de Québec avait relégué aux oubliettes le traité de l'un de ses prêtres contre le protestantisme, traité dans lequel ce prêtre faisait vigoureusement le procès de la Réforme protestante, le théologien justifie de son mieux la décision épiscopale. Il écrit alors:

L'Évêque de Québec, soucieux de ne pas irriter le lion britannique, put craindre que les Lettres dogmatiques *si franches et si vives de l'abbé Boucher, si elles se publiaient sous son patronage, ne provocassent des représailles fatales à l'Église canadienne. On était à une époque où la prudence semblait dicter d'utiles ménagements.*

Jardin des
Ursulines.
(*Picturesque
Canada*, 1882).

Les Canadiens français, d'autre part, se vantaient d'une grande largeur de vues en matière religieuse. Comment auraient-ils pu faire autrement dans un pays où le protestantisme venait de s'établir «à la faveur du nouvel étendard»? Mais, une fois de plus, il convient de reconnaître leur sincérité. Philippe-Aubert de Gaspé, cet écrivain de grand âge qui vécut presque tout le 19e siècle à Québec, écrira:

> *Certains peuples sont restés aussi fanatiques que l'étaient leurs pères il y a cent ans, mais je proclame ici avec orgueil que ce sentiment est étranger au coeur de mes compatriotes canadiens-français.*

Gaspé n'indique pas qui sont ces peuples restés aussi fanatiques que leurs pères. Il les trouvait probablement chez ses concitoyens mêmes! On peut se demander si les Canadiens français catholiques auraient gardé ce comportement édifiant si les conditions politiques avaient été autres. Cela n'est pas certain à considérer les ennuis auxquels l'historien F.-X. Garneau fut en butte pour avoir blâmé Louis XIV, qui avait exclu du Canada les huguenots français, et pour avoir appuyé l'autorité civile de la Nouvelle-France contre l'évêque de Laval et les Jésuites. Certains écrits anonymes le traitèrent d'anti-catholique et d'anti-chrétien, de gallican et de philosophe révolutionnaire, de protestant et d'impie. Garneau jugeait qu'on lui faisait «une terrible réputation chez les marguilliers et les sacristains». L'historien Francis Parkman fut en butte à des ennuis analogues. Quand il fut question de lui offrir un doctorat d'honneur, l'université Laval retraita parce que certains accusaient l'historien d'avoir insulté leur race et leur religion par ses remarques sur les Jésuites et sur l'évêque de Laval. Parkman ne devint pas docteur-ès-lettres de l'université Laval et ce fut l'université McGill qui lui conféra ce titre que le monde académique canadien lui devait bien. Même le doux abbé Casgrain, l'historien idéaliste, ami de Parkman et admirateur de son génie, ne cessait de parler de «réserves à faire» au sujet de son oeuvre.

L'ardeur de leurs convictions poussait les catholiques à la partialité et à l'intolérance, à tout le moins l'intolérance intellectuelle. En outre leur fierté patriotique les rendait susceptibles. Philippe-Aubert de Gaspé, qui avait frayé la plus grande partie de sa vie avec l'*establishment* anglais, écrivait:

> *J'aurais été très sensible à la moindre raillerie dirigée contre le catholicisme, car même pendant mes années de tiédeur, oserais-je dire d'incrédulité, je n'aurais jamais souffert patiemment une insulte au culte de mes aïeux et à la religion dans laquelle j'avais été élevé.*

Dans le même ordre d'idées, on raconte que le poète et homme politique Louis Fréchette, natif de Lévis, à toutes fins pratiques un Québécois, comme il assistait à une conférence de l'illustre professeur Matthew Arnold dissertant sur les moyens de résoudre le problème des relations entre Canadiens français et Canadiens anglais, quand il entendit le conférencier s'en prendre à l'Église catholique romaine comme dépassée, il se leva de table et quitta la salle.

Du côté des anglo-protestants on se heurtait à un complexe de supériorité que rien ne pouvait entamer. L'anti-catholicisme avait chez eux quelque chose de viscéral. Cette attitude est difficile à expliquer. Les catholiques ressentaient parfois l'obligation de se justifier ou de réfuter les protestants. Le théologien Louis-Nazaire Bégin, qui allait succéder au cardinal Taschereau comme archevêque de Québec, publiera un ouvrage sur *La Sainte Écriture et la Règle de Foi*. Mais les protestants n'avaient besoin de rien pour s'ancrer dans leur religion. Ils mentionnaient avec une certaine désinvolture le fait que les catholiques les considéraient comme des hérétiques. Les manifestations de foi les plus étonnantes comme la vie de prière à laquelle des femmes se vouaient jusqu'à leur dernier jour derrière la grille du cloître ou les miracles obtenus à Sainte-Anne-de-Beaupré les laissaient à court d'explications mais elles ne les ramenaient pas à «la religion de leurs pères», pour reprendre l'expression du cardinal Gibbons. Ces manifestations leur arrachaient parfois des paroles admirables mais ne les ralliaient en rien au catholicisme, «loin de là» écrivait l'historien William Wood, à qui l'on doit par ailleurs des pages émouvantes sur les Ursulines de Québec.

Au fond Québec continuait d'assister au choc des deux impérialismes. Il est dommage qu'on ait traîné la question religieuse sur ce terrain et qu'on n'ait cessé de parler de «foi catholique» et de «foi protestante». L'évêque J.-Octave Plessis, qui demeure peut-être l'homme le plus remarquable de toute cette période, s'en était rendu compte lors de son passage à Londres en 1819. Il avait tenté d'élargir la maxime «hors de l'Église, point de salut» dans les pages de son journal. Ce journal ne fut publié qu'en 1903 et, indice révélateur, le prélat qui le publiait crut opportun de faire une mise au point afin de restreindre la pensée de Mgr Plessis. L'évêque Bourget, de Montréal, au plus fort de la polémique qui l'opposait à son collègue de Québec au sujet de l'université, réclame une institution autonome à Montréal et, pour justifier sa position, soutient que les étudiants, s'ils passent aux universités protestantes, sont exposés au danger de «perdre la foi».

Il faut quitter toutes ces polémiques pour parvenir au véritable sentiment religieux. C'est le trésor enfoui dans le champ. A Québec on le trouve, ce trésor, dans le cloître des Ursulines, dans celui des Hospitalières, au-delà des grilles des Servantes du Saint-Sacrement, en de nombreux couvents et monastères; dans les sanctuaires des églises et des chapelles où des prêtres vouaient leur vie au culte de Dieu et au service des âmes; dans les foyers où des mères de famille enseignaient à leurs enfants à prier avant même de leur enseigner à compter et récitaient la prière du soir en commun; dans le coeur des enfants qui souscrivaient naïvement à d'impressionnants «bouquets spirituels» où l'on comptait par centaines les messes entendues, les communions eucharistiques et les prières secrètes; dans le coeur de milliers d'hommes et de femmes pour qui la pratique de la religion et la recherche du salut éternel demeuraient la grande affaire de la vie. Toutes ces âmes en union avec Dieu assuraient le relai d'une prière chrétienne ininterrompue depuis dix-neuf siècles. A la question «Qu'est-ce qu'on fait à Québec?», celui qui aurait répondu «A Québec l'on prie» n'aurait pas été loin de la vérité. Car, à l'heure où dans cette ville silencieuse l'angélus sonnait aux clochers des églises, tous les esprits se recueillaient et la vie de Québec se perdait alors dans le mystère de la communion des saints. Là était l'âme de Québec, que l'écrivain français Pierre Mélèse nous présente en ces termes:

Le vrai Québec n'est pas dans cette cité sub-urbaine aux rues banales et laides, semblables à toute autre ville du continent. Le vrai Québec est derrière les murs des maisons bourgeoises repliées sur elles-mêmes, sur leur vie secrète à laquelle nul étranger ne peut avoir part, derrière les murs des monastères où moines et nonnes mènent leur vie ascétique, inchangée depuis des siècles. L'étranger ne voit que des points de vue, des monuments, des façades, s'extasie sur les curiosités signalées dans les guides: jamais il ne pénétrera l'âme de Québec dont il peut seulement humer de loin le parfum insolite.

HAUTE-VILLE / BASSE-VILLE

L'histoire qui s'élabora à Québec depuis la fondation de la ville, en 1608, jusqu'à la Conférence de Québec, en 1864, a pour théâtre un triangle dont la base va de *Wolfe's Cove*, — là où les troupes anglaises débarquèrent à l'insu de Montcalm dans la nuit du 12 au 13 septembre 1759, — à la propriété de l'Hôpital Général de Québec sur le bord de la rivière Saint-Charles, — là où les hommes d'Arnold trouvèrent refuge après leur échec sous les murs de la ville le 30 décembre 1775, — et dont la pointe aboutit à la terrasse Dufferin, qui était à l'origine une sorte d'éperon rocheux sur lequel les gouverneurs français bâtirent leur résidence. Quelque Huron, juché à cet endroit, dut voir Samuel de Champlain mettre pied à terre; de ce même endroit, les curieux que la pluie n'importunait pas trop virent les Pères de la Confédération arriver à Québec.

Dans ce secteur géographique restreint les notables de la ville habitaient côte à côte un secteur encore plus restreint, près des institutions qu'ils dirigeait. On avait sa demeure rue Sainte-Anne, en face du château Saint-Louis; rue Buade, à côté de la cathédrale; rue Saint-Louis, à proximité de la citadelle; rue du Parloir, à côté du monastère des Ursulines; côte de la Montagne, près du palais législatif; dans les rues voisines du jardin du Gouverneur. Quand on édifia le nouveau palais législatif, un peu à l'extérieur des murs, des maisons apparurent sur la Grande-Allée. Règle générale on ne s'éloignait pas beaucoup malgré les attraits du chemin Saint-Louis, — l'ancien chemin de Samos, — qui prolongeait vers l'ouest la rue Saint-Louis, laquelle se muait en Grande-Allée, laquelle se muait à son tour en chemin Saint-Louis, pour atteindre finalement la jolie localité de Cap Rouge. C'est là que les hôtes des gouverneurs faisaient jadis de si agéables promenades. En somme, et sans vouloir faire un mauvais jeu de mots, la haute société logeait tout entière à l'extrémité du haut plateau, assez inégal et à la configuration capricieuse, qui coiffait le cap Diamant au confluent du fleuve et de la rivière Saint-Charles.

Isabella Bird, qui séjourna à Québec en 1856, fait remarquer que la célébrité de la ville dépasse de beaucoup l'importance numérique de sa population:

> *La société de Québec se circonscrit en des limites assez res-*
> *treintes. Son élite se groupe autour des remparts et dans le*
> *quartier Saint-Louis. Jusqu'à tout récemment la ville a vécu*
> *tout à fait isolée et n'a dépendu que d'elle-même pour la vie*
> *sociale. Aussi les gens y sont-ils sociables, amicaux et hospi-*
> *taliers... La petite société de la partie haute de la ville est*
> *probablement la plus brillante que l'on puisse trouver en*
> *une si petite enceinte...*

Ce coin privilégié, de la taille d'une paroisse, c'était la «haute-ville». Là fonctionnaient les institutions qui gouvernaient la vie des citoyens, ceux de tout le pays comme ceux de la ville. En un pêle-mêle curieux et fascinant, les militaires y croisaient les ecclésiastiques; le gouverneur allait rendre visite aux Ursulines; les parlementaires et les juges participaient aux processions d'église; les *habitants* de la région tenaient marché devant la basilique; les jolies Canadiennes exultaient au bras des officiers anglais et rêvaient d'invitations au bal.

Par les beaux soirs d'été, tout le monde se retrouvait sur la terrasse Dufferin et cela constituait un spectacle que les prospectus touristiques vantaient aux visiteurs:

Place du Marché. (James Smillie, 1829, Archives nationales du Québec).

*Ici s'assemblent les sérieux, les jovials, les vieux, les jeunes;
l'homme d'affaires en quête de détente; l'homme de profession déterminé à faire la sourde oreille aux instances de ses
clients; l'artisan cherchant le repos après une dure journée
de labeur; l'étudiant et le professeur reposant leurs méninges
fatiguées; les dames joliment habillées au bras de leur ga-
lant; garçons espiègles et fillettes d'âge impressionnable;
loups de mer britanniques ou autres; ecclésiastiques en robe
noire marchant deux à deux; soldats en uniforme; à l'occasion quelques monseigneurs, mariant la dignité avec la piété,
aux propos légers peu en harmonie avec leur contenance.*

C'était le lieu par excellence des marches de santé après le souper, des récréations du dimanche après-midi, des promenades au
clair de lune. Pendant que la fanfare jouait dans les kiosques,
les gens déambulaient depuis la statue de Champlain jusqu'à
l'escalier aux trois cents marches qui s'agrippe au flanc du

bastion du Roi, contourne la citadelle et conduit au sentier qui rejoint les Plaines d'Abraham; puis ils revenaient sur leurs pas et poursuivaient ce manège de péripatéticiens jusqu'au moment de rentrer chacun chez soi. Le soir les tours sombres et les fenêtres brillamment illuminées de l'hôtel qui a usurpé le style et le nom de château et qui se dresse à l'arrière du décor créaient un contraste d'une certaine qualité contre le ciel que le soleil venait de céder à la nuit.

Pour être honnête il faut bien admettre que le faux château Frontenac, — car c'est de cet hôtel qu'il s'agit, — n'a jamais fait souffrir les Québécois, pas plus que l'obélisque dédié à Wolfe et Montcalm, lequel se dresse lui aussi à l'arrière du décor de la terrasse. Celui qui aurait pu troubler leur conscience, l'écrivain Faucher de Saint-Maurice, reposait depuis plusieurs années au cimetière Belmont quand un passionné de l'histoire eut l'idée singulière d'évoquer le Moyen-Age sur le site de la résidence des gouverneurs français du 17e et du 18e siècle. On était passé d'une crise de modernisme à un recul ambitieux dans l'histoire. Après avoir commencé à démanteler les portes qui gardaient les entrées de la ville, — côte du Palais, côte de la Canoterie, côte de la Montagne, — et à démolir les fortifications sous prétexte qu'il fallait bien faire place à la circulation et que, de toute façon, ces ouvrages ne pouvaient plus rien contre les canons les plus récents, on se ravisa tout à coup. On eut du regret pour les touristes désireux de découvrir la ville que Frontenac et Phipps, Montcalm et Wolfe, Carleton et Arnold s'étaient disputée. Les Québécois se sentirent coupables, non sans raison car ils avaient beaucoup de méfaits sur la conscience. Non seulement ils avaient enlevé les portes et entamé les fortifications mais ils avaient nivelé les glacis, détruit les poternes, supprimé les chemins de ronde, comblé les fossés. Un jour les autorités stoppèrent cette grande entreprise de démolition et l'on se mit à relever ce qu'on avait démoli avec à la fois tant de peine et d'agrément. Cette fois on pécha par excès de zèle et l'on se mit à construire des faux par amour du passé.

Il n'y avait là rien pour assombrir les gais promeneurs de la terrasse ni les débonnaires touristes américains. Après tout, un hôtel, c'est comme un château! Château Saint-Louis ou château Frontenac, quelle différence? — Histoire de joindre l'utile à l'agréable, le confortable à l'historique, le rentable au célèbre, on accepta à cet endroit un hôtel qui avait l'air d'autre chose de façon à ne pas affecter la majesté du site. C'est ainsi qu'au 20e siècle la terrasse et l'hôtel château Frontenac devinrent indissolublement liés l'un à l'autre et fournirent l'image la plus répandue de Québec.

Mais la haute-ville, ce n'est pas seulement la terrasse Dufferin et le château Frontenac. C'est aussi le sujet d'innombrables descriptions et récits qui remplissent les livres. On se plaît à imaginer lady Aylmer, assise à la fenêtre du château Saint-Louis, en frais de décrire le paysage à sa correspondante:

> *Notre suite de chambres donne sur le magnifique Saint-Laurent, en ce moment recouvert de glace, ce qui se produit, dit-on, chaque fois qu'un nouveau gouverneur arrive et cela est censé être de bon augure. Nous nous y promenons en voiture et à pied. Il n'y a pas en Europe (peut-être au monde) un corso aussi magnifique que ce fleuve-lac, avec des milliers de personnes, de cabanes et des carrioles (ces dernières sont la voiture du pays) qui sont de jolis phaétons doubles sur des lisses ou patins de fer; c'est en ce moment un spectacle bien gai, tout en mouvement...*

Le jeune Louis Fréchette, qui ne cessait de provoquer les petits Anglais de sa rue en criant «Hourra pour Papineau!», assiste un jour avec son père à une séance du parlement pour y voir enfin son idole. Il fait une découverte bouleversante. C'était après le retour d'exil de Papineau et on ne parlait plus de troubles de 1837-38. Voici le récit de Fréchette:

> *A un certain moment, un page vint lui remettre un papier quelconque, et il se leva pour prendre la parole. Il ne dit que quelques mots, mais ce fut assez pour me causer une*

grande surprise. J'avais été étonné déjà de voir mon héros en cheveux blancs, mais je le fus encore bien plus en l'entendant parler. Sa voix était vibrante, profonde et sonore, telle enfin que je me l'étais figurée; mais chose qui confondit toutes mes notions, déconcerta toutes mes prévisions, Papineau parlait anglais! Était-ce bien lui? Ne rêvais-je pas? J'étais renversé! Papineau parler anglais me semblait une anomalie telle que je ne pouvais en revenir. Il en fut de même de tous mes camarades quand je leur relatai la chose le lendemain...

Frances Monck se rend à la Chambre des Communes et s'y amuse bien, comme d'ailleurs elle fait partout:

... C'est formidable comme les M.P.P. se querellent et se contredisent l'un l'autre. Parfois ils se lancent des boules de papier. Le speaker a l'air d'un prêtre et porte un chapeau de prêtre. On m'a présenté M. Cartier. On m'a aussi présenté ce McGee à l'air si bizarre, on dirait un Indien sauvage...

Les Dufferin se rendent à l'université Laval pour une célébration qui les étonne beaucoup. Lady Dufferin écrit dans son journal:

Il fallut dîner à six heures car nous devions sortir tôt pour célébrer le 200e anniversaire de la découverte du Mississipi. «Pourquoi au monde?» vous exclamerez-vous. Vraiment je ne sais pas trop pourquoi mais l'université Laval cherche quelque chose pour sa fête annuelle, et aussi les découvreurs étaient canadiens-français.

Les étrangers qui faisaient de leur visite à Québec l'affaire de quelques heures seulement couraient aux Plaines d'Abraham ou aux chutes Montmorency et rentraient à la hâte chez leurs hôtes pour raconter leur journée et fixer leurs impressions dans leur carnet de voyage. Ainsi fit Dickens, qui logeait chez le docteur Fisher, dont la maison donnait sur la place d'Armes, rue Sainte-Anne. Sans doute on lui avait dit: «Et surtout, ne manquez pas d'aller à Québec!» Et alors il résolut d'insérer dans son séjour à Montréal une «excursion» à Québec. Accompagné de sa femme,

L'hôpital général. (James Smillie, 1829, Archives nationales du Québec).

il débarqua à Québec par un matin de mai 1842 et il repartit le soir même. On cite beaucoup trop volontiers sa description de la ville car elle révèle un visiteur beaucoup plus pressé d'écrire que d'admirer. Dickens visitait l'Amérique à l'américaine, parcourant en l'espace de cinq mois à peine les villes de Halifax, Boston, New York, Philadelphie, Washington, Baltimore, Pittsburg, Cincinnati, St. Louis, Niagara Falls, Toronto, Kingston, Montréal, St. John, revenant aux États-Unis pour terminer et rentrant chez lui avec tout le matériel approprié pour ses *American Notes*.

La haute-ville de Québec était aussi la petite patrie de l'heureuse population anglophone de la ville. Les familles anglaises de Québec y menaient une vie de paradis terrestre. C'étaient tantôt des gens raffinés, tantôt des rustres, toujours des gens capables de tirer parti d'une région neuve, offrant à ses citoyens nantis de bons revenus et d'amples loisirs des territoires de pêche et de chasse, un milieu pour la vie sociale et littéraire, les divertissements de l'hiver et les promenades de l'été, les contacts de la vie politique. Un homme symbolise cet aspect de la physionomie de Québec. Il s'appelait James MacPherson Lemoine et fut tour à tour ou simultanément avocat, professeur, inspecteur pour le compte du gouvernement et écrivain. Bien que son père fût de langue française et que lui-même fût en mesure d'écrire en français aussi bien qu'en anglais, il se rallia définitivement au groupe anglophone tout en maintenant des rapports de la plus parfaite harmonie avec ses concitoyens de langue française. A l'occasion de la Conférence de Québec, il recevra en sa belle propriété de *Spencer Grande*, à Sillery, un groupe sélect comprenant George Augustus Sala, que le grand journal de Londres le *Telegraph* avait dépêché à Québec pour la circonstance; un journaliste et homme politique canadien, Joseph Cauchon; le professeur et écrivain Hubert Larue; le publiciste Jean-Charles Taché; les historiens Garneau et Ferland. Dans son journal, Lemoine décrit ses hôtes comme «les hommes les mieux posés dans notre monde littéraire». Lemoine organisait «une petite fête champêtre» pour présenter Sala à ses amis de Québec qui avaient manifesté le désir de le connaître.

Le groupe anglais de Québec se distinguait avant tout par la vie agréable et facile qu'on a toujours envie de mener dans une petite ville coloniale. Québec apparaît comme le camp de vacances de l'aristocratie anglaise. Pour s'en rendre compte, il suffit de lire cette strophe d'un poème de G.W. Wicksteed tirée d'un recueil de poèmes publié à Montréal en 1878:

> *Remember us ever — remember Quebec,*
> *Remember its virtues, remember its faults;*
> *Remember our dance on the gay frigate's deck,*
> *Remember the people who taught you to waltz:*
> *Remember our pic-nics, remember our balls,*
> *Remember our moonlight quadrille at the Falls.*

A quoi la dame répond:

> *I'll ne'er forget thee, dear Quebec, — thy clear, bright*
> *frosty days,*
> *I'll ne'er forget thy carioles, thy bark canoes or sleighs;*
> *I'll ne'er forget thy bitter cold that made our fingers tingle,*
> *I'll ne'er forget thy nice warm stoves, both double, dumb*
> *and single.*
> *I'll ne'er forget thy gentlemen befurred up to the eyes,*
> *I'll ne'er forget the strange snowshoes that made them*
> *look such guys;*
> *I'll ne'er forget thy martial men, the gallant volunteers.*

Le lac Saint-Charles, Québec. (George Heriot, 1807).

Sur ce lopin de terre, où les Anglais et leurs amis s'amusaient
ferme, sur ce lopin de terre que ceinturait le mur des fortifications sur lequel David Thoreau s'étonnait si fort de voir des soldats monter la garde en plein hiver, quitte à s'y geler les joues
inutilement, une forteresse autre que celle des militaires britanniques maintenait ses fondations. L'évêque de Québec, les prêtres
du Séminaire, les théologiens de l'université, les Ursulines, les
Augustines, les communautés protestantes y étaient plus solidement retranchés que les régiments anglais. Partout et toujours
les journaux signaleront la présence simultanée des «autorités
civiles et religieuses» et l'on jugeait de l'importance des célébrations par le cortège plus ou moins imposant de dignitaires de
l'un et l'autre groupe. Sermons et bénédictions allaient de pair
avec les discours et les harangues patriotiques. Qu'il s'agît des
funérailles de l'évêque de Québec ou de la translation des reliques des martyrs canadiens, l'on voyait arriver quelque régiment
de la citadelle, le gouverneur ou son représentant, les ministres
du gouvernement, le maire et les conseillers de la ville comme

s'il s'agissait d'une fête civique. Le premier de l'an, les ministres et les juges, les praticiens les plus en vue des grandes professions et les marguilliers des paroisses se présentaient au palais épiscopal, gravissaient l'escalier en spirale conduisant au grand salon de l'évêque, lui étaient présentés par un membre du chapitre diocésain et lui offraient leurs meilleurs voeux. C'était la coutume de passer ensuite à la salle des prêtres du grand séminaire de Québec où le recteur de l'université et les autorités de la faculté de théologie recevaient à leur tour les voeux des notables. Une scène analogue se déroulait au parloir des Augustines, rue Charlevoix, où les médecins de l'hôpital ainsi que le notaire chargé de l'administration des rentes foncières de la communauté venaient, accompagnés de leur femme et de leurs enfants, présenter leurs voeux à la supérieure et aux membres du conseil. Un assez étrange pouvoir avait son siège derrière les grilles quadrillées des Augustines et des Ursulines autant que dans les salles du palais épiscopal et du vieux Séminaire de Québec.

Ce plateau élevé sur lequel se sont maintenues à la fois les institutions de l'État et les institutions de l'Église est vraiment le lieu de naissance du Canada. Avec ses falaises, il forme le fabuleux rocher habité que décrivent les livres de voyage consacrés au Canada ou à l'Amérique tout entière. Il forme la ville qui est vraiment l'ancêtre du Canada, dont les toits et les clochers brillaient au soleil, où le folkloriste Marius Barbeau voyait s'agiter les personnages d'un conte de fées où «survit l'ancienne France», où le romancier montréalais Robert de Roquebrune revivait les scènes stéréotypées de l'épopée française; la ville où s'était élaborée l'histoire de deux empires manqués, treize colonies américaines ayant fait main basse sur les meilleurs territoires du continent; la ville dans laquelle finalement s'était fondé un pays qui allait s'étendre de l'Atlantique au Pacifique.

Mais la haute-ville n'était pas toute la ville. Pendant qu'on faisait l'histoire là-haut et qu'on y gouvernait le pays, que se passait-il au pied même du cap Diamant, près des quais, le long de cette grande rue Champlain qui serpentait en suivant le bord du fleuve jusqu'à Sillery, dans les faubourgs populaires de Saint-Roch et de Saint-Sauveur? — Isabella Bird, qu'on avait cherché à dissuader de visiter ces quartiers, s'y était tout de même rendue:

> *... il y a un monde en-bas, une autre nation, rarement mentionnée dans l'aristocratique quartier Saint-Louis, où le vice, le crime, la pauvreté et la misère se coudoient, comme font les plaisirs et la politique dans la haute-ville... Saint-Roch n'est pas moins populeux que la haute-ville mais sa population est bien différente — les pauvres, les déchus, les vicieux. Ici la fièvre tue ses dizaines et le choléra, ses centaines...*

Isabelle Bird se trouvait à Québec au milieu du 19e siècle. Dans le quatrième quart du siècle, le scandale demeurait et c'était alors un visiteur américain qui le dénonçait:

> *Bien-être et pauvreté, vertu et vice voisinent étrangement en deçà des limites de Québec. La richesse amassée depuis des générations s'affiche sans retenue et les résidents des belles avenues de l'extérieur de la vieille ville en jouissent égoïstement alors que sous leurs yeux, presque à leur oreille, la pauvreté est abjecte dans le faubourg Saint-Sauveur... Saint-Sauveur ne se trouve pas dans un pays païen mais c'est un quartier d'une ville prospère en ce dix-neuvième siècle de lumière, dans un pays chrétien. Où sont les philanthropes et les missionnaires prêts à se sacrifier?*

Isabella Bird plaignait en vain «... ceux qui viennent en ce monde sans une bénédiction et en repartent sans un espoir». Car à Québec les gens bien tenaient la pauvreté pour une loi de la nature. A leurs yeux la société se composait de riches et de pauvres comme elle se composait d'hommes et de femmes. A l'occasion la pauvreté servait de thème poétique. Les pauvres ne sont-ils pas là pour donner bonne conscience aux riches quand ces derniers leur font la charité? Les anthologies de l'époque contiennent immanquablement quelque poème intitulé «Le bon pauvre» ou «Le cantique du bon pauvre». C'était une vieille idée importée d'Europe. On croyait avoir fait beaucoup pour les malheureux si on les associait à un geste symbolique. Quand on brisa la pierre angulaire de la deuxième chapelle des Ursulines, celle de 1720, on découvrit l'inscription suivante: «La première pierre fut posée par un enfant pauvre représentant saint Joseph en vue d'obtenir la protection de ce grand saint».

La haute-ville laissait vivre seuls les quartiers pauvres et mal-famés qui ceinturaient ses falaises, ceux des marins et des employés des chantiers maritimes, des chemins de fer, des fabriques de cuir, de ces hommes pour toujours liés à un *boss*, pour toujours petits salariés, pour toujours étrangers aux entreprises auxquelles ils prêtaient leurs bras. C'était l'autre ville de Québec, la ville du tanneur Richardson, dont l'usine mit un jour le feu à tout le quartier Saint-Roch depuis la falaise jusqu'à la rivière Saint-Charles, ne laissant qu'une forêt de cheminées noircies et de pavés calcinés; de la veuve McCann dont la maison brûla un soir et mit le feu à tout le quartier Saint-Sauveur, jetant à la rue un peuple effrayé et gémissant, enchevêtré dans les effets que chacun tentait de sauver, entravé par les porcs, les chiens et les chats affolés qui couraient en tous sens; la ville de tous les autres incendies des «statistiques rouges», des éboulis qui écrasaient les maisons de la rue Champlain, du premier cas de choléra décelé en Amérique et de toutes les épidémies importées; la ville de la Société de Tempérance de la Croix Noire combattant le fléau de l'alcoolisme par la force des arguments religieux et par de solennelles promesses prononcées au pied des autels; la ville des électeurs de Wilfrid Laurier, bien incapables de comprendre que «notre patrie n'est pas confinée au territoire ombragé par la citadelle de Québec» mais par chauvinisme et fierté le maintenant à la Chambre des Communes jusqu'à sa mort, supérieurs à l'opposition du clergé et à la furie nationaliste de 1911; la ville d'une multitude de petites gens qui applaudissaient aux parades des aristocrates et des notables, qui aimaient les démonstrations patriotiques et les querelles politiques, respectueux du clergé, que ses prêtres amenaient en pèlerinage à Notre-Dame-des-Victoires et à Sainte-Anne-de-Beaupré, qu'un modeste oblat

Rue Sous-le-cap. (*Picturesque Canada*, 1882).

français allait grouper au pied des autels après la sortie de l'usine, le premier vendredi de chaque mois pendant quarante-deux ans d'affilée, pour adorer et prier.

Les aristocrates et les notables pouvaient mener sans remords une vie facile voire somptueuse et dédaigner les quartiers ouvriers, les petites gens les ignoraient à leur manière. On trouve au moins la paix à être oublié des puissants. A la pauvreté, à l'ignorance, «aux malheurs sans nombre qui ont affligé cette ville», pour reprendre l'expression du premier ministre Pierre-J.-O. Chauveau, les «classes populaires» opposèrent toujours une résignation sereine et une foi indéfectible dans les compensations de l'au-delà.

Dans ce monde sordide et mystique tout à la fois, vauriens et bons chrétiens partageaient un trait commun, c'est qu'ils envisageaient la mort en fonction de l'éternité. Un vicaire de paroisse pouvait passer la nuit au chevet d'un vieil ivrogne moribond pour l'assister dans son trépas. Des jeunes gens, condamnés par la maladie à une mort prématurée, venaient devant le maître-autel offrir à haute voix le sacrifice de leur vie pour les pécheurs. Des hommes amenaient leurs semblables à confesse, à l'heure sainte, à la retraite fermée et leur disaient: «Nous ne voulons pas d'argent, nous n'avons pas de marchandise à vendre mais simplement une police d'assurance pour le ciel».

Il se trouva peu de visiteurs pour s'intéresser à ce monde silencieux, dépourvu d'*attractions*, de la basse-ville, de la rue Champlain, des faubourgs de Saint-Roch et de Saint-Sauveur; peu d'écrivains pour en parler. En 1843 cependant, un apôtre de la tempérance et de la réforme sociale, James Buckingham, en fait en quelque sorte l'autopsie:

> *On compte environ deux cents tavernes licenciées et à peu près le même nombre d'épiceries licenciées, vendant des spiritueux, dans la ville et les faubourgs; à cela il faut ajouter la moitié autant de débits clandestins, chiffre estimé bien*

inférieur à la réalité; on arrive ainsi à six cents endroits où le poison se vend... En supposant que chaque famille se compose en moyenne de cinq personnes, cela signifierait un débit de boisson pour dix familles, par opposition aux bouchers, tailleurs et fournisseurs divers qui ne font probablement pas un pour cent familles! Si bien que les empoisonneurs de la santé et des moeurs sont proportionnellement dix fois plus nombreux que les marchands de nourriture saine, de vêtements et de mobilier; et cinquante fois plus nombreux que ceux qui dispensent l'éducation ou la religion!

A travers toutes sortes de calamités publiques, la réhabilitation progressive de la basse-ville et des faubourgs à partir des conditions terribles décrites par James Buckingham, et après lui par Isabelle Bird, jusqu'à un certain état de respectabilité n'est pas matière à littérature. A la fin du 19e siècle, la situation s'était passablement assainie. Une vie de quartier était apparue, sympathique et pittoresque, dont la qualité échappait même à ceux qui en bénéficiaient car ils avaient déjà oublié les maux de leurs grands-parents. A l'occasion un touriste s'aventurait en dehors des lieux vantés par la publicité. Jean Donald, par exemple, délaisse pour une fois le quartier Saint-Louis et suit la rue qui longe le versant nord du cap Diamant, traverse le quartier Saint-Roch et pénètre loin dans le quartier Saint-Sauveur:

Circulant un jour sur la rue Saint-Vallier, je vis, creusée à même la falaise, une petite grotte. Je l'appelai le petit-sanctuaire-sous-le-cap mais je n'en connais pas le vrai nom. C'est là: une caverne fausse, creusée dans le roc vif, avec une belle vierge en bleu, un enfant potelé dans les bras, jetant un regard paisible sur un quartier industriel en effervescence.

Terrasse Dufferin un soir d'illumination, 1879.

Ou bien ce sont les Américains Sydney Dean et Marguerite Marshall qui circulent au pied de l'autre versant du cap Diamant et parviennent ainsi à l'église des marins:

> *Nous avons vu d'amusantes scènes de vie sur la rue Champlain, depuis le bain du samedi soir devant l'église paroissiale donné à la statue de bois, aux couleurs brillantes, de Notre-Seigneur, jusqu'à ce type de la rue qui portait à la boutonnière un oeillet artificiel comme trait d'élégance.*

On en revenait toujours plus ou moins à la religion et à l'église. Trop peut-être. On rejoint ici un phénomène qui n'a rien de particulier à Québec. Mais Québec le vécut avec une intensité étonnante. Chaque paroisse constituait un petit monde à part, où les fêtes de l'Église devenaient les fêtes du peuple. La messe de minuit de Noël, que les rares touristes d'hiver suivaient dans la cathédrale de Québec, la crèche de Bethléem et ses personnages, l'emphatique «Minuit, chrétiens!» que les fidèles avaient toujours le goût d'entendre malgré les réprobations officielles, les cantiques traditionnels, tout cela se trouvait en cent églises et chapelles. La semaine sainte ralliait toutes les ressources des paroisses en choeurs de chant, en enfants de choeur, en clergé, en marguilliers «anciens et nouveaux», et les plus impressionnantes cérémonies se succédaient depuis la procession du dimanche des Rameaux jusqu'à la grand-messe de Pâques. Le jeudi saint, dans les églises sombres et dénudées, les fidèles se prosternaient en silence devant l'oasis de lumière et d'or, de cierges et de fleurs, où brillait l'ostensoir enrobant l'Hostie blanche. La plupart des adorateurs visitaient sept de ces reposoirs et, par toutes les rues de la ville, c'était comme un festival religieux. Un soir dans l'année, l'on pouvait dire que chaque passant était un pèlerin. La cérémonie du vendredi saint attirait les foules autant que la messe de minuit. L'assistance était tout émue quand les prêtres s'étendaient au pied de l'autel en souvenir de l'agonie de Jésus au jardin des Oliviers. Puis, se relevant, ils chantaient le récit de la Passion, vêtus d'une aube blanche comme Jésus devant Pilate. L'un tenait le rôle de narrateur, le deuxième personnifiait le Christ, le troisième représentait les interlocuteurs du

Christ cependant que le chorale parlait pour le peuple juif et proférait la fatidique *Crucifige eum! Crucifige eum!*

L'église était vraiment la maison d'opéra du peuple. Puis, avec le mois de juin, venait le dimanche de la Fête-Dieu, dont les processions n'ont jamais cessé d'étonner les visiteurs. Au moment où, dans une paroisse donnée, l'on apercevait la procession s'avancer avec gravité, des processions s'avançaient également en d'autres secteurs de la ville, déployant leurs bannières et faisant escorte à l'Hostie sainte. Il y eut aussi les fêtes du Sacré-Coeur où des masses d'hommes défilaient en récitant des prières et en chantant des cantiques avant de se réunir en une vaste église sous le ciel où chacun, flambeau à la main, priait dans la nuit.

Dans la foi chrétienne Québec refaisait son unité. La piété était la même à la cathédrale de Québec et dans les églises du bas de la ville et la description que donne William Howells d'une messe dans la cathédrale de Québec vaut pour toutes les églises de la ville:

> *Le lendemain matin, nos touristes se permirent d'entendre la messe à la cathédrale française, laquelle à leur sens hérétique ne fut pas différente de n'importe quelle autre messe sauf qu'elle fut célébrée avec force clergé et fut suivie par une assistance d'une dévotion peu commune. Pensant toujours à l'Europe, ils observèrent avec beaucoup d'étonnement que les fidèles n'étaient pas seulement des vieilles ou des jeunes femmes mais aussi bien des hommes de tous âges et de toute condition, depuis le paysan bien propre, en habit du dimanche, jusqu'au jeune Québécois à la mode étendant son mouchoir sur le parquet pour protéger son pantalon durant la supplication.*

Dans une ville où partout l'on prie, partout les cloches sonnent à toute volée. Que de visiteurs auront été éveillés par l'angelus du matin annoncé du haut de vingt clochers ou par l'appel à la grand-messe dominicale! Un touriste américain taquinera ses hôtes à ce sujet:

> *S'il est permis d'en juger par les apparences, les gens de Québec sont très religieux car à partir de cinq heures du matin, à toutes les quinze minutes environ, les cloches tintent, sonnent et carillonnent sans cesse. Cela donne l'impression qu'ils sont très négligents de leurs devoirs religieux, ou bien entièrement sourds et oublieux, pour qu'il leur faille en tout temps de pareils rappels.*

En l'âme de Queenie Fairchild, une petite Québécoise de Cap Rouge, un jour qu'elle marchait sur l'historique sentier des remparts, le son des cloches évoquait une musique. Derrière elle, le grand pavillon gris de l'université Laval et la résidence épiscopale; à l'extrémité du sentier, le site qui a vu naître la Confédération canadienne et la terrasse Dufferin où s'élevait jadis le château des gouverneurs. La promeneuse prêtait l'oreille:

> *Au loin dans le bas de Québec la cloche de Saint-Sauveur se mit à sonner, sa voix profonde d'une seule note semblant capter l'attention de tous comme si un grand violoncelliste dans un état d'âme méditatif glissait son archet sur une corde expressive, tantôt comme un appel, tantôt avec passion jusqu'à imprégner l'air d'émotion, — et quand la cloche cessa de sonner, le silence régna, intense.*

Éveillé un beau dimanche matin par les cloches de la cathédrale, un dormeur semble avoir dénombré toutes les cloches de la ville:

> *Le dimanche matin, alors que normalement nous aurions dormi un peu plus longtemps, la voix des cloches résonna près de nos fenêtres. D'autres cloches entonnèrent le refrain et de loin en loin nous parvinrent des notes atténuées comme l'écho des premières jusqu'à ce que, semble-t-il, les quarante-six églises de la ville se fussent unies en un pot-pourri de cloches.*

Cloches de Québec qui sonnez les heures de l'angélus, indifférentes à ce que les fidèles sommeillent ou qu'ils travaillent ou qu'ils prennent leur repas! Cloches qui annoncez la grand-messe du dimanche et sonnez au moment de la consécration quand les front s'inclinent! Cloches qui publiez la naissance des chrétiens l'après-midi et le départ des chrétiens le soir! Cloches de la messe de minuit de Noël et cloches retrouvées du dimanche de Pâques! Cloches qui convoquez les paroissiens à la procession de la Fête-Dieu et aux pèlerinages à Notre-Dame-des-Victoires! Cloches faméliques du cimetière Saint-Charles et du cimetière Belmont et cloches somptueuses de la cathédrale et des tours de l'église de Saint-Roch! Cloches grêles des Augustines de l'Hôpital général qui invitez à l'office les vieillards et les éclopés et cloches grêles des Ursulines qui mettez fin à la récréation! Cloches de Québec, les vents qui soufflent du fleuve avec les tempêtes d'hiver et les vents qui soufflent de la vallée par les nuits de lune vous portent de paroisse en paroisse et de quartier en quartier; vous couvrez les toits sous les nuages qui glissent au-dessus de la ville et vous doublez l'azur clair jusqu'aux fenêtres des foyers; par-dessus les falaises du cap Diamant, vous unissez Notre-Dame-de-la-Garde et Saint-Michel-de-Sillery à Notre-Dame-de-Grâce et à Saint-Sauveur-de-Québec! Cloches de Québec, de génération en génération vous avez chanté l'union des coeurs et l'aspiration des âmes autour du rocher immuable et silencieux!

DERNIER REGARD

La seule ville d'Amérique du Nord qui connût jamais sièges et bombardements continue de vivre dans une condition précaire. Québec ne se voit plus sous la menace des canons de l'amiral Saunders, elle ne connaît plus l'investissement par les troupes du général Montgomery, mais elle ne s'en trouve pas moins dans un état de guerre perpétuel. Les campagnes avoisinantes ne brûlent pas comme au temps de Wolfe mais elles se couvrent de banlieues conçues à l'américaine, dans lesquelles l'automobile est reine et maîtresse. Les armées ennemies ne parcourent plus le territoire mais de modestes *Levittowns* occupent les plus beaux sites de Sainte-Foy, de Lévis, de Beauport, de Charlesbourg, de l'Ancienne-Lorette et cela, aux yeux des Québécois, fait injure au passé.

L'état de guerre n'existerait plus si Québec n'avait pas décidé de rester une ville du passé dans une Amérique moderne. Mais voilà bien ce qu'elle a décidé et le combat nouveau commença aussitôt que les autres eurent pris fin, c'est-à-dire les combats au fusil sur les plaines de la région et les combats entre frégates ennemies sur le fleuve. Québec est une ville fondée pour la lutte. Une fois la paix assurée par le traité de Paris, qui réconciliait la France et l'Angleterre, et par le traité de Gand, qui réconciliait l'Angleterre et les États-Unis, elle se livra à la guerre contre la civilisation américaine afin de perpétuer l'époque où elle ne connaissait que la guerre. On ne sait pas où le terme «américanisme» à forte connotation péjorative a été inventé mais c'est à Québec vraisemblablement.

Dans ces banlieues coupées par de vastes allées d'asphalte, remplies de *shopping centres* et de *service stations*, quelques monuments du passé ont survécu jusqu'à présent et meurent un à un. L'un de ces francs-tireurs à résister jusqu'au dernier moment fut la vieille église de Notre-Dame-de-Foy, emportée par l'incendie un jour de 1977, — ce qui est une belle fin pour une église. Un vieux curé en avait élaboré les plans en Europe, en Normandie plus exactement, dans une paroisse du même nom. Ainsi les fidèles retrouvaient à Québec, quelque part à l'ouest du cap Diamant, dans le plus beau site que l'on puisse imaginer après celui de la citadelle, l'ambiance religieuse du pays des ancêtres. Et cet excellent curé, — ou l'un de ses successeurs, — d'emmener ses paroissiens en pèlerinage au lieu premier de la dévotion à la sainte. Des groupes passaient de Sainte-Foy en Canada à Sainte-Foy en Normandie. L'on parlait églises et l'on parlait généalogie, — cette vieille passion des Québécois, — avec des cousins français.

Aujourd'hui seuls des murs calcinés se dressent près du grand presbytère blanc. Chose curieuse, l'année de l'incendie l'église avait perdu un des paroissiens qui avaient traversé à Sainte-Foy d'Europe, un bon chrétien qui faisait son chemin de croix dans les allées de la nef le dimanche par les beaux après-midi d'été et, entre deux stations, allait raconter aux visiteurs l'histoire de son église. Quelque part au monde, les enfants de cet homme diront à leurs propres enfants: «L'église où votre grand-père priait le dimanche après-midi, elle a disparu la même année que lui!»

Sur les pentes de Charlesbourg, un vestige du temps de l'intendant Talon, — fin 17e siècle, — vestige portant le nom assez banal de «trait carré», a fini par succomber sous les coups de l'urbanisation du territoire. Le «trait carré» était une disposition des terres en rayons de soleil à partir d'un carré central ceinturé d'un chemin. En soumettant une photo aérienne à la loupe, on retrouve assez bien le plan de l'intendant mais, sur les lieux mêmes, on ne s'y retrouve plus parce que les lignes inusitées du plan initial, compliqué de maisons et de rues, créent un grand état de confusion. Toute la région a d'ailleurs succombé et personne ne parle plus de promenades comme au temps jadis à la côte du Roi, aux chutes de Lorette, au lac Saint-Charles. Une chose demeure cependant et, grâce à Dieu, demeurera jusqu'à la fin des temps: c'est l'extraordinaire coup d'oeil qu'on obtient sur Québec des hauteurs de Charlesbourg et de Lorette à l'heure où le soleil couchant couvre la ville de sa lumière. Il est regrettable que les automobilistes dévalent à toute allure les boulevards qui convergent vers la rivière Saint-Charles et se privent du plaisir d'admirer cette belle image montrant le profil du rocher de Québec en ocre jaune ou en ocre rouge, suivant l'heure. Dans la splendeur de l'ensemble la médiocrité des édifices individuels disparaît. Le touriste qui parvient à échapper au boulevard convoyeur d'autos qui l'a amené au niveau de la rivière et à s'arrêter là, bien à l'écart, dans le quartier de Saint-Zéphyrin de Stadacona, peut admirer à loisir les jeux du crépuscule sur l'écran de la ville depuis les vieux remparts de Québec jusqu'aux dernières maisons de Sainte-Foy. Toute l'histoire de Québec tient entre ces limites et sa beauté s'y maintient.

*   *   *

Lévis naquit de la première gare de chemin de fer construite pour Québec. Cette localité de quelques centaines d'habitants est située sur la rive sud du Saint-Laurent, juste en face de Québec. Le Grand Tronc, le premier chemin de fer canadien, devait emprunter cette rive pour relier les provinces maritimes au reste du Canada. Québec appartenant à la rive nord, il en résulta cette situation cocasse que sa gare se trouva de l'autre côté du fleuve. En descendant du train, les passagers se trouvaient en principe rendus à destination. Ils n'en devaient pas moins traverser à Québec par des moyens de fortune avant d'arriver vraiment au terme de leur voyage. Les récits de cette traversée du fleuve par mauvais temps ou en hiver (en l'absence du «pont de glace») font dresser les cheveux sur la tête.

Une peinture de Krieghoff atteste mieux que n'importe quel récit les ennuis de ce système. Il s'agit d'un tableau qu'on a utilisé pour illustrer l'ouvrage consacré à la construction du pont Victoria, à Montréal, en éliminant de son arrière-plan la silhouette du cap Diamant afin de tromper le lecteur. C'est en réalité un tableau consacré à Québec et non pas à Montréal. Il s'intitule «Voyageurs et courrier traversant le fleuve». On pourrait se croire dans l'océan Arctique. Une grande embarcation, inclinée à trente degrés, est immobilisée sur un amoncellement de glaces alors que son équipage s'efforce de la débloquer en la halant à force de bras. Voici la description de l'aventure donnée par un contemporain:

> *Les voyageurs devaient se tenir eux-mêmes à leur siège ou s'accroupir au fond de l'embarcation. Dix ou douze hommes formaient l'équipage. Ils guettaient le moment propice pour s'élancer sur le fleuve, c'est-à-dire l'apparition d'une bonne nappe d'eau entre deux champs de glace. Ils poussaient alors l'embarcation sur la mer d'eau et de glace et se frayaient de leur mieux un chemin à travers les îlots flottants. Ils poursuivaient ainsi jusqu'au moment où l'on se heurtait à une barrière de glace. Les hommes devaient alors sauter de l'embarcation, la tirer hors de l'eau et la hisser sur la glace. L'un d'eux, grimpant au sommet du bloc de glace, indiquait à ses compagnons la direction appropriée pour parvenir à l'eau libre. On remettait alors l'embarcation à la mer et l'on recommençait à ramer.*

Et voyageurs de poursuivre ainsi leur traversée avec des fortunes diverses jusqu'au rivage de Québec, plus ou moins à la grâce de Dieu car l'embarcation pouvait aboutir n'importe où. Ces équipées duraient plusieurs heures. Elles étaient si terrifiantes que l'on vit des passagers en mourir de frayeur.

La dernière lithographie tirée des toiles de Krieghoff, livrée au public en 1862, a pour titre «Vue de Québec, Canada: la ville vue de la gare». Or cette gare, c'est Lévis justement. Québec se dresse à l'arrière-plan, loin, très loin au-delà du quai maritime où les trains aboutissaient. C'est l'un des beaux tableaux de Québec. Mais les parlementaires de l'époque des deux Canadas, après avoir voyagé depuis Toronto, Kingston, Montréal, quand ils devaient ajouter à la fatigue du voyage les angoisses de la traversée, avaient peu à dire sur les beautés de la capitale. Le biographe de D'Arcy McGee, l'un des Pères de la Confédération, relate que certains d'entre eux, exténués, devaient prendre le lit une fois rendus à l'hôtel et se faire soigner par le médecin.

Il fallait avoir singulièrement besoin d'une gare de chemin de fer pour la placer de la sorte, c'est-à-dire de l'autre côté d'un fleuve impétueux. Aujourd'hui l'ancienne gare de Québec à Lévis n'est plus qu'un fantôme. Jamais plus un grand personnage ne s'amène en la vieille capitale à partir de ce terminus. Le train des Maritimes y passe sans histoire selon son horaire et la mention du prestigieux express appelé «l'Océan Limitée» n'est plus qu'un souvenir pour les Québécois d'un certain âge.

Québécois et Lévisiens sont revenus à la réalité toute simple du tableau de James Morrice, peint en 1909, dans lequel le ferry-boat navigue à travers des blocs de glace épars, à mi-chemin entre le quai de Lévis et l'immense falaise blanche de Québec. Une sorte de nostalgie se dégage de ce tableau. Que sont devenus les centaines de voiliers qui remplissaient les images cinquante ans plus tôt, les grands paquebots transatlantiques amarrés au quai du Foulon, les navires du Saguenay glissant vers l'île d'Orléans, les goélettes qui butinaient le long des rives? Qu'êtes-vous tous devenus?

* * *

La terrasse Dufferin est le seul endroit de Québec où l'automobile n'ait point encore pénétré. Depuis longtemps déjà les véhicules circulent sur la rue des Remparts, c'est-à-dire sur le sentier même où allaient et venaient les sentinelles de Frontenac et de Montcalm, de Carleton et de Prevost, le *Grand Battery* où jadis les officiers anglais amenaient les *belles* de Québec en promenade. Dans la cour intérieure du Séminaire de Québec, on n'a pas remplacé l'orme planté en 1891 par le comte de Paris et tombé d'épuisement en 1940; ou plutôt on l'a remplacé par une belle asphalte grise propre à garer les autos. Ainsi de la cour du grand séminaire; ainsi de l'enclos de la cathédrale anglicane; ainsi du square de l'Esplanade. Semblables à des termites, les autos ont miné le sol sous la surface du rocher de l'hôtel de ville pour se créer de l'espace de parking si bien que la statue de Louis Hébert, offrant au Seigneur la première gerbe de blé moissonnée en terre canadienne, s'est écroulée et qu'on a dû la déposer à terre, dépossédée de son socle de pierre. Près des remparts, le long de l'avenue Dufferin, la pelouse s'est mise à se soulever en même temps que des bouches d'aération apparaissaient à la surface. Là encore les automobiles-termites étaient à l'oeuvre sous le sol.

Certains jours, rue Saint-Louis, on voit les autos s'engouffrer en deux colonnes sous la porte Saint-Louis et se précipiter dans la vieille ville. De quoi frémir d'horreur! Est-ce qu'on imagine les autos se précipiter en deux colonnes dans les murs de Carcassonne et se ruer sur l'hôtel de la Cité? Est-ce qu'on imagine les autos se précipiter deux par deux sous la *Puerta del sol* à Tolède et foncer à toute vitesse sur la place du Zocodover? A Québec, malheureusement l'automobile fait loi. Les autos n'ont-elles pas trouvé moyen de grimper jusqu'au bastion du Roi? Dans la belle toile de Maurice Cullen, «Lévis vue de Québec», le peintre s'était placé précisément sur le glacis de la citadelle pour capter le dernier rayon du soleil couchant sur Lévis alors que tout Québec était déjà dans l'ombre. Aujourd'hui Cullen aurait à se

Lord Dufferin. «... rien de mieux depuis le cap Horn jusqu'au pôle Nord.»

débattre parmi les Ford et les Chevrolet. Le résultat de cet assaut
sinistre est qu'on peut maintenant visiter Québec en vingt-cinq
minutes. Il est bien révolu le temps où, pour venir à Québec,
cela prenait un coeur solide et de bonnes jambes. Il suffit maintenant d'un ticket d'autobus *sight seeing*!

Avant qu'un conseil municipal débonnaire ne permette de parcourir la terrasse Dufferin en automobile, il faut s'y réfugier
si l'on veut échapper au va-et-vient des autos, à l'odeur du gaz
carbonique et au ronflement des moteurs. Le vent y souffle et il
incommode le promeneur. Cela est vrai. Mais la terrasse Dufferin n'est pas un endroit comme les autres et il est normal d'avoir
à y braver les éléments. Quand on arrive au terme d'un long
voyage, — à travers le monde ou à travers l'histoire, — on est
prêt à affronter le vent et le froid. C'est avec l'âme d'un Champlain, avec la vision d'un Dufferin qu'il convient de parcourir
ces lieux. Il faut laisser son coeur battre à la mesure du paysage
et de l'histoire; il faut regarder la nappe d'eau immense et les
montagnes ondulantes qui ferment l'horizon en pensant à l'évêque Plessis et à George-Étienne Cartier; il faut se rappeler les
noms des écrivains et des peintres que ce panorama a remplis
d'émotion, de William Bartlett à Willa Cather. Il faut se per-
suader au plus profond de soi-même que c'est l'un des grands
sites du monde.

Les gouverneurs français qui avaient bâti ici même leur résidence, là où s'élève aujourd'hui la statue de Champlain, se seraient bien entendus avec lord Dufferin, l'un de leurs plus illustres successeurs. Le plan que Dufferin proposait aux Québécois
en 1876 pour faire de leur ville le mémorial que l'univers récla-
mait avait précisément ce site comme point de départ et comme
point d'arrivée. Il s'agissait de créer un chemin continu pour
piétons le long du système complet des fortifications à partir de
la terrasse Durham, — comme on appelait alors la partie nord
de l'actuelle terrasse, — contournant la base de la citadelle, traversant le square de l'Esplanade, les barraques de l'Artillerie, la
porte du Palais, empruntant la *Grande Batterie*, passant les

édifices du parlement d'alors, traversant la côte de la Montagne et revenant à la terrasse Durham. Si Québec avait réalisé en entier le plan Dufferin, on n'aurait rien trouvé de mieux depuis le cap Horn jusqu'au pôle Nord, selon la présentation emphatique qu'en faisait son auteur. La chronique rapporte qu'à ce moment précis du discours de lord Dufferin, — car lord Dufferin exposa ce plan lors d'un grand banquet donné en son honneur le 21 juin 1876, — ses auditeurs se mirent à applaudir.

Il est quand même bon d'imaginer ces choses!

*   *   *

Aucune église ne peut se comparer à la basilique de Québec, le soir, quand elle est toute illuminée. Les lumières insérées entre les denticules qui décorent la naissance de la voûte et les lustres de la grande nef projettent leurs lueurs sur les pilastres, sur les arches des jubés, sur le baldaquin doré du sanctuaire, sur la chaire et les autels. Elles éclairent doucement la foule recueillie et dévote qui remplit les trois nefs.

Un soir de 1976 on y célébrait le 750e anniversaire de la mort de saint François d'Assise. Selon les habitudes de jadis, on aurait retrouvé ici les personnalités qui fréquentent le Cercle universitaire de la rue d'Auteuil, le *Price House* et les édifices du parlement. On aurait dû les voir faisant escorte au lieutenant-gouverneur en costume de noblesse, au maire de la ville et à son conseil, au recteur de l'université et aux doyens des facultés universitaires. Eh bien! dans ces bancs d'église remplis de fidèles, pas un visage qu'un journaliste pût identifier! On avait beau observer les gens autour de soi, dévisager ceux qui reviennent de communier, s'attarder à l'arrière de l'église après la cérémonie, toujours l'anonymat complet! On était à Québec mais on aurait pu tout aussi bien se trouver à Florence, à Puebla, à

Prague où de semblables églises pleines de dorures accueillent les fidèles. C'est en se retrouvant sur la place de l'hôtel de ville, devant la statue d'un Taschereau, qu'on reconnaissait le rocher de Québec.

Encore selon les habitudes de jadis, le cardinal-archevêque de Québec aurait officié ou bien il aurait assisté à la cérémonie dans tout l'éclat de sa pourpre romaine. Les stalles du choeur auraient été remplies de prêtres en surplis, les petits servants de messe auraient revêtu leur soutane rouge, la chorale aurait exécuté une messe de Palestrina et à la grand-messe aurait succédé un salut solennel du Saint-Sacrement dans la fumée de l'encens et les chants glorieux de l'*O Salutaris Hostia* et du *Tantum Ergo*. Au lieu de tout cela, on vit se dérouler une messe dépouillée, en langue vulgaire, sans choeur de chant comme sans thuriféraire; une messe sans cardinal-archevêque devant une assistance sans lieutenant-gouverneur. Autres temps, autres moeurs! Bien différent devait être le style de la célébration qui souligna le 750e anniversaire de la naissance du saint, quarante-quatre ans plus tôt! Et que diraient Adam Hodgson ou James Buckingham s'il leur était donné de revenir à la basilique de Québec en cette seconde moitié du 20e siècle?

N'est-il pas extraordinaire tout de même qu'en un dimanche soir de 1976, à Québec, au Canada, des centaines de fidèles aient accouru de tous les quartiers de la ville pour prier Dieu à l'occasion de la mort d'un saint de l'Église, survenue à Assise en 1226! Cela dépasse sûrement de beaucoup les rêves les plus ambitieux du premier évêque de Québec, François de Montmorency-Laval.

*   *   *

La porte Saint-Louis, 1879.

John Lambert n'a pas de chance!

John Lambert est un Anglais qui séjournait à Québec en 1806 et qui pestait contre le peu de respect de ses compatriotes du Canada pour la mémoire du général Wolfe. La ville n'avait alors qu'un monument en l'honneur de l'illustre général. Il est peut-être exagéré de parler ici de monument puisqu'il s'agissait d'une simple statue de quatre pieds de hauteur «plantée» au coin d'une maison de la rue Saint-Jean, à l'angle de la côte du Palais. Lambert la jugeait chétive et mesquine, d'autant plus qu'elle représentait le général en tenue de campagne, avec son mousquet, sa ceinture, sa boîte de cartouches et sa baïonnette; son tricorne sur la tête et son habit rouge à queue lui atteignant les mollets. Et John Lambert de sommer le gouverneur-général et les habitants du Canada d'ériger à la mémoire du général Wolfe un monument digne de son génie, de son courage, etc.

Cette statue de Wolfe, que Lambert décriait tout en concédant qu'elle donnait une idée assez précise de la tenue du général, continua de faire partie du décor de la rue Saint-Jean jusqu'à ces toutes dernières années. Elle a maintenant disparu car on la garde au musée de Québec. John Lambert serait furieux s'il lui arrivait d'arpenter la rue Saint-Jean de nos jours et de ne plus l'apercevoir devant la fenêtre où elle se tenait jadis. La fenêtre elle-même a désormais un petit air drôle derrière la demi-lune sans utilité de son rebord de pierre.

De la rue Saint-Jean on s'engage tout naturellement dans la rue Couillard. C'était naguère le quartier latin, où les étudiants, avant l'installation de l'université au campus de Sainte-Foy, déambulaient à pleines rues, troupe joyeuse et indisciplinée qui se distribuait dans les chambres de location un peu partout dans le secteur. On passe devant de vieilles maisons de plus en plus fatiguées par l'âge. On relit la plaque bilingue apposée sur la maison de l'historien Garneau: «En cette maison résida plusieurs années et mourut François-Xavier Garneau, l'historien du Canada». Cela est bien dit, n'est-ce pas? Québec n'entend partager avec aucune autre ville du pays l'honneur d'écrire l'histoire après l'avoir faite elle-même.

Un coin plus bas, c'est la rue des Remparts, d'où l'on descendait jadis à la rivière Saint-Charles par la côte de la Canoterie. Quel nom charmant! Sur le coin suivant, celui de la rue Christie, apparaît une maison en forme de trapèze, — ainsi construite pour suivre l'alignement des rues. Sur une plaque de marbre noir fixée près de la porte, on lit: «Sirois et Sirois, notaires». Pour l'information du lecteur, un notaire est un officier public chargé de rédiger les contrats de ses clients et d'y prendre leur signature à titre de témoin officiel. Le premier notaire Sirois commença à exercer dans cette maison modeste, — qui devait être alors une belle maison bourgeoise, — vers les années 1875. Et voilà que, cent ans plus tard, son petit-fils vient encore ici chaque jour recevoir les testaments et les actes d'hypothèque comme son père l'avait fait avant lui, comme son grand-père l'avait fait avant son père. Les voisins qui le connaissent le saluent en lui disant: «Bonjour, notaire!» Ici s'est fabriqué l'un des plus grands noms de Québec. Ici s'apprête à mourir la vie simple d'autrefois. Le jour où Me Sirois quittera son étude «angle Couillard et Christie» pour la première fois, une époque prendra fin à l'intérieur des murs de Québec.

* * *

Il existe un endroit d'où l'on peut voir Québec de la manière la plus originale qui se puisse imaginer. Cet endroit, c'est l'entrée du palais législatif de la province de Québec, qui se dresse sur une colline à quelques centaines de pieds à l'ouest des fortifications de la vieille ville.

A Québec les gens appellent cet édifice le «Parlement». Si on leur parle du palais législatif ou de l'hôtel du gouvernement, ils ne savent pas de quoi il s'agit. Il faut dire «Parlement». D'un fonctionnaire du gouvernement, on dit encore couramment qu'il travaille «au Parlement».

Le Parlement, — puisqu'il faut l'appeler par son nom, — est un édifice carré à quatre façades et à cour intérieure, construit dans un style renaissance du 17e siècle et somme toute assez bien réussi. Il ne prétend pas rivaliser avec l'hôtel des Invalides. De toute façon il n'a pas de dôme. En revanche il a une fort jolie tour, dédiée à Jacques Cartier, — à Québec le choix des grands hommes est assez mince et l'on revient toujours aux mêmes noms, — et surmontée d'une couronne métallique au-dessus de laquelle flotte le drapeau de la province.

Le petit séminaire.
«On n'a pas remplacé
l'orme planté en 1891.»

Les murs de Québec méritent qu'on en parle. C'est un ouvrage d'une quarantaine de pieds de hauteur, construit en belles pierres grises, ici et là touchées de couleur ocre. Ils s'étendent de la citadelle, au sud, jusqu'au versant nord, du cap Diamant, c'est-à-dire jusqu'à la falaise qui domine la vallée de la rivière Saint-Charles. Ils coupent donc l'extrémité du promontoire de Québec et permettent d'identifier sans difficulté la ville telle que les Français, et après eux les Anglais, l'avaient bornée. Les pierres ne sont pas posées strictement à la verticale mais la face du mur s'incline légèrement vers l'intérieur. Une belle moulure suit la ligne du sommet à six ou sept pieds du tapis de verdure qui se déroule juste au-dessus de cette ligne. Car les murs de Québec offrent cette particularité qu'on peut y marcher comme dans un parc. Si vous vous tenez près du Parlement, vous verrez sans difficulté les touristes y promener leur pas lent. Toutes les fantaisies sont ici permises à l'imagination. A ces hommes en chemise rouge que vous apercevez sur les pelouses vertes, vous pouvez substituer les sentinelles anglaises, vêtues de leur tunique rouge, montant la garde ou, mieux encore, ces *highlanders* écossais dont la présence à Québec amusait tant David Thoreau. Vous pouvez à la rigueur évoquer les tuniques bleues des sentinelles françaises cherchant à prévenir les attaques sournoises de quelque bande sauvage.

La section des murs que l'on voit du Parlement comprend la porte Saint-Louis qui touche à la citadelle et qui absorbe le trafic de la Grande-Allée. Par l'orifice, — car les portes de Québec ont ceci de particulier qu'elles n'ont pas de battants! — on peut voir l'antique *Garrison Club* et, juste à côté, la montée à la citadelle. A partir de la porte Saint-Louis, le mur s'étend sur environ mille pieds jusqu'à un vaste bastion d'où il revient vers l'intérieur jusqu'à la porte Kent. Il descend ensuite de façon abrupte jusqu'à la porte Saint-Jean, après laquelle surgit un autre bastion, tout près du bord de la falaise. Le malheur veut que cette partie du mur qui va de la porte Kent à la falaise soit loin d'être aussi dégagée que la partie supérieure. On aurait voulu cacher le mur à cet endroit qu'on n'aurait pas agi autrement. Pourquoi tolérer là des édifices sans intérêt? A quoi bon fabriquer du faux ancien quand il suffirait de bien mettre en valeur de tels vestiges du passé? Qu'on rase ce banal palais Montcalm, — en quel honneur parlons-nous ici de «palais»? — qu'on rase l'ancien édifice du *Y.M.C.A.*, l'ancien *Auditorium*, l'*Institut Mallet*, et l'on verra apparaître une section des murs de Québec qui est comme inexistante à l'heure actuelle. L'on pourra alors, de l'entrée du palais législatif, apercevoir les fortifications de la ville s'étendant sur plus d'un demi-mille, une vue vraiment unique en Amérique.

Adossé à la façade principale du palais législatif, on aperçoit, par-dessus les murs, les toits et les lucarnes des maisons de Québec, les clochers de ses églises et les tours de ses édifices publics. Même la tour du soi-disant château Frontenac ne prend pas ici une importance trop considérable relativement à l'ensemble du décor urbain. On prend plaisir à repérer un à un certains immeubles et à les situer les uns par rapport aux autres. Ainsi cette jolie flèche, c'est l'église Chalmers-Wesley de la rue Sainte-Ursule, de biais avec la chapelle du Sacré-Coeur, dont les murs sont garnis de plaques de marbre relatant les faveurs accordées à ses fidèles. Québec est une ville plus oecuménique qu'on ne le croit généralement. Voici un peu à gauche le clocher de la basilique de Québec et la flèche de la cathédrale anglicane, entre lesquelles se glisse la rue Buade, qui a vu au cours de l'histoire tant de défilés profanes ou religieux, comme l'arrivée des gouverneurs, les funérailles des archevêques, les processions de juges revêtus d'hermine et de membres du barreau se rendant à la messe du Saint-Esprit lors de l'ouverture des tribunaux. Voici la tour du palais de justice, au pied de laquelle les juges de la Cour supérieure et de la Cour d'appel, habillés cette fois comme leurs justiciables, viennent se chauffer au soleil et respirer quelques bouffées d'air frais avant la reprise des audiences. Les églises ont peine cependant à garder la maîtrise du ciel de Québec et l'on doit faire un effort pour continuer le recensement. On finit par repérer le clocher de la chapelle des Jésuites, tout près de la porte Kent. C'est un petit temple charmant où la mémoire des saints martyrs canadiens est gardée en grand honneur. Par le temps qui court, il existe à Québec une forte tendance à débaptiser tout ce qui s'appelle «canadien» pour le re-baptiser sous l'épithète «québécois». Un jour ou l'autre les martyrs canadiens pourraient bien devenir les martyrs québécois. Cela est assez curieux. Il existe quelque part en Nouvelle-Angleterre, près de Portland, une église dédiée à *The Holy Martyrs of America*. Quelque peu intrigué et se demandant qui et de quelle religion pouvaient être ces martyrs d'Amérique, un visiteur finit par apprendre que cette église était desservie par les Jésuites et que les martyrs honorés ici étaient les pères jésuites français du 17e siècle venus en Amérique à la conquête des âmes. Espérons que les problèmes de nationalité ne seront pas trop aigus dans l'au-delà.

Cette «place du Parlement», — on peut l'appeler ainsi faute d'un nom officiel, — l'emporte sur toutes les autres de Québec, qui sont pourtant toutes intéressantes même si elles font un peu miniature. D'ailleurs tout fait miniature à Québec et de là vient son charme. Il est fâcheux qu'on ait laissé s'introduire ici et là des buildings qui ruinent les proportions et ainsi brisent l'enchantement. Car avant ces gros intrus, tout était bien proportionné et Québec, vue de l'entrée du Parlement, devait être la plus jolie ville qu'il fût donné à un Canadien d'admirer. L'ensemble, à la fois cohérent et capricieux, jouissait par surcroît d'un cadre naturel impressionnant, lequel, lui, n'a rien d'une miniature. Aujourd'hui la présence de quelques constructions géantes empêche le regard d'atteindre facilement, par delà la silhouette de la ville, le vaste panorama d'eau et de montagnes dont Québec occupe le centre. Mais on y parvient en faisant sauter par l'imagination les obstacles à la vue.

La place du Parlement est vaste et on y accède d'une foule de directions. Elle offre au passant l'attrait de ses ormes superbes, de ses monuments, de sa jolie fontaine dite «du sauvage» en raison du groupe sculpté montrant un chasseur indien, de la façade historiée du palais législatif où les statues de bronze des personnages de l'histoire montent une garde symbolique en face de ces murs où jadis des soldats en chair et en os montaient une vraie garde.

En la décrivant le guide Michelin pourrait dire: «Vaut le voyage». Les visiteurs sauront toujours gré aux Québécois de leur ménager un endroit aussi ravissant pour admirer leur ville non moins que de leur garder la ville elle-même pour le plaisir des yeux et de l'esprit. Bravo! Québec, réfugiée sur ton rocher et résistant de ton mieux à la ruée des autos comme à la ruée du vent nordet. Tiens bon, Québec, et redouble de vigilance, car il faut maintenant plus que tes vieux murs pour te défendre!

* * *

Que chacun se hâte de visiter Québec durant qu'il en est encore temps. Demain il sera trop tard. Les vieux murs seront toujours là sans doute, le bastion de la Glacière et le bastion Saint-Louis, et les courtines qui les relient; les antiques sentiers seront encore là, la côte de la Montagne, la rue Buade, la rue des Remparts, la rue Saint-Louis, la rue Saint-Jean; la terrasse Dufferin, l'obélisque du jardin du Gouverneur, les fossés de la citadelle, le pavillon «de la procure» du vieux séminaire de Québec seront encore là. Mais il faut quand même se hâter.

Il faut se hâter de se rendre sur la rue Port-Dauphin, qui longe le parc Montmorency d'où on a une si jolie vue sur Lévis, et de rendre visite à un vrai cardinal-archevêque de l'Église catholique romaine. Sa résidence est une grande maison hermétique, toute grise, construite immédiatement contre la rue mais dont l'entrée principale donne sur une cour latérale. On n'y ouvre plus à tout venant comme jadis. La porte s'entrebâille prudemment, une voix s'enquiert de l'identité du visiteur et c'est uniquement après des explications plausibles que l'on peut pénétrer à l'intérieur. Là est la résidence du successeur de l'évêque Plessis et du cardinal Taschereau, l'héritier du rêve évanoui d'une hégémonie franco-catholique de Québec sur l'Amérique. Ce rêve, l'actuel archevêque de Québec y participa autant que les aînés de son clergé au cours des années de la guerre et de l'après-guerre. Les Québécois ne s'en tinrent pas seulement au concept selon lequel le centre catholique pour l'Amérique serait à Québec, les clercs venant du reste du Canada, des États-Unis, du Mexique et de l'Amérique du Sud pour y acquérir la doctrine; ils se mirent résolument à la tâche. L'université Laval, à charte pontificale, financée et gérée par le conseil d'administration du Séminaire de Québec, se porta acquéreur de terrains en vue de l'aménagement d'un *campus* conçu à l'américaine sur lequel les facultés de théologie et de philosophie thomiste régneraient en souveraines, s'adjoignant les disciplines profanes pour compléter l'ensemble universitaire. Avec le concours financier de la population, on édifia une église sur le campus même et une résidence de centaines de chambres pour la gent étudiante cléricale. Enfin le rêve devenait réalité! Enfin «la vocation de la race française en Amérique», promulguée en 1902 au pied de la statue de Champlain, passait en quelque sorte du noviciat au sacerdoce. On voyait bien que les évêques avaient eu raison en définitive et que l'obstination nationaliste de générations de prélats avait vraiment préservé, grâce à l'idiome français, la pureté de la doctrine chrétienne des catholiques! Cette faculté de théologie, dans l'université pontificale de Québec dont l'archevêque était le chancelier, serait l'*Angelicum* ou la *Grégorienne* de la Rome d'Amérique. Comme quoi certains rêves sont tenaces! On continuerait d'accueillir, comme on l'avait fait au cours de la guerre, les théologiens, les philosophes et les exégètes d'Europe, héritiers ceux-ci également d'une vocation séculaire. La conquête d'une Amérique protestante et matérialiste n'avait-elle pas succédé comme objectif catholique à la conquête de l'Amérique indienne et païenne?

D'obscurs Québécois se lièrent d'amitié et causèrent d'égal à égal avec les personnages illustres de l'Europe catholique. L'histoire se répétait. Comme au temps de Louis XIV et comme au temps de Victoria, l'Europe envoyait à Québec ses vice-rois. Des cercles d'admirateurs se formaient rapidement autour des visiteurs à la manière des petites cours qui entouraient jadis les gouverneurs et les intendants, les gouverneurs généraux et les juges en chef, les légats pontificaux et les prélats romains. On tenait la science, le parler, la mystique pour aisément communicables et facilement assimilables. Québec se haussait au niveau des théologiens qui enseignaient en son grand-séminaire, des philosophes qui dissertaient en son Académie canadienne de saint Thomas d'Aquin, des sociologues qui professaient en sa nouvelle faculté des sciences sociales, des conférenciers qui entretenaient les auditoires de son Institut canadien, des prédicateurs qui montaient dans la chaire de Saint-Dominique sur la Grande-Allée. Québec ne fut jamais ni plus française ni plus catholique.

«... maintenant entraînée dans le courant de la vie morderne.»
Le chenal nord. (*Picturesque Canada*, 1882).

Ces visiteurs prestigieux, le cardinal-archevêque de Québec les a tous connus et il pourrait les nommer l'un après l'autre, comme il peut nommer les pontifes qui se sont succédé sur le siège de Rome depuis Pie XI jusqu'à Paul VI et les prélats des grandes congrégations romaines. Et pourtant il n'affiche plus rien du faste de ses prédécesseurs sur le siège de Québec. C'est un homme qui prend l'autobus au terminus Voyageur, comme le moindre de ses prêtres, quand il a affaire à Montréal, et s'assied sur n'importe quelle banquette à côté d'un inconnu, peut-être un immigrant récemment entré du Chili ou un joueur de volley-ball de l'équipe canadienne. Le cardinal-archevêque de Québec se plie à un mode de transport dédaigné du moindre des fonctionnaires du gouvernement! C'est un homme dont l'esprit est resté attaché à la tradition locale et qui accueillera son visiteur un livre à la main, un livre traitant peut-être de l'affrontement du Français de Jumonville et du Britannique George Washington quelque part en Nouvelle-Angleterre vers les années 1750; qui entretiendra peut-être son visiteur des vieux autels de la chapelle du Séminaire de Québec sauvés de l'incendie à la suite d'une décision des autorités qui avaient voulu les remplacer par des meubles modernes et les avaient donnés à une chapelle de mission, qui elle ne fut pas incendiée...

Il faut aussi se hâter vers la rue du Parloir où se dresse encore le couvent de pierre grise des Ursulines. Le cloître si longtemps et si farouchement interdit aux profanes n'est plus un cloître. On y va et vient comme dans n'importe quelle institution de la ville. Les visiteurs peuvent à l'occasion prendre le goûter dans une sorte de patio jadis protégé par une double grille noire derrière laquelle les religieuses récitaient leur rosaire ou marchaient en silence, méditant sur les vérités soulignées par l'aumônier dans le sermon du matin. On croise une religieuse en robe imprimée, cheveux roux frisés. C'est une spécialiste de la poésie d'Alfred Garneau, fils de l'historien François-Xavier Garneau, celui-ci mort à Québec et celui-là mort à Ottawa après avoir émigré de la vieille capitale à la nouvelle en 1865 pour suivre le gouvernement pour qui il travaillait comme traducteur. En son

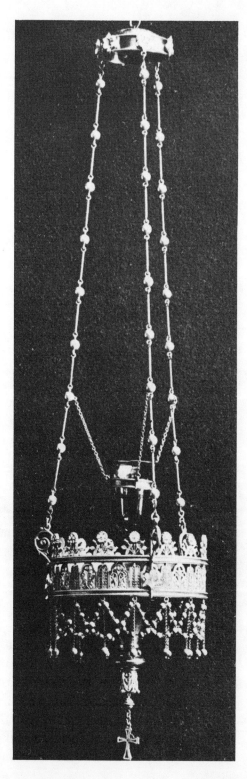

Lampe votive en la
chapelle des Ursulines.

âme cette femme vit du 17e siècle; en son esprit elle vit du 19e. Elle a rétabli tout le réseau de la généalogie des Garneau, de leurs alliances matrimoniales avec les Globenski, les Marmette, les Masson. De la même manière, les filles de la bienheureuse d'Youville savent qui leur fondatrice aurait pu épouser, comment elle en vint à épouser le déplorable sieur d'Youville, comment sa mère épousa en secondes noces un non moins déplorable sieur, etc., etc. A Québec ce goût de la généalogie et de la parenté ne disparaîtra jamais. En ce 20e siècle il a manifesté plus d'endurance que la clôture monastique!

Cela ne veut pas dire que le couvent des Ursulines ait renoncé à sa vocation. Il s'y trouve encore des religieuses de la stricte observance, d'opiniâtres héritières de Marie de l'Incarnation et d'Esther Wheelright, cette petite fille de la Nouvelle-Angleterre enlevée par les Iroquois, cédée aux Français, confiée aux Ursulines de Québec, élevée en français dans la foi chrétienne catholique, élue supérieure de son couvent où elle décéda à l'âge de 80 ans. Cette génération n'a pas encore disparu entièrement. C'est pourquoi l'on peut se présenter rue du Parloir. Il en est encore temps, même si l'on se rend compte que demain les Ursulines ne seront plus qu'un souvenir et leur immeuble, un musée. Déjà les modestes témoins de l'âge héroïque sont assemblés dans une section du couvent. Bahuts, armoires, rouets, pupitres à musique, seaux et quantité d'autres objets forment une collection que les touristes peuvent examiner. Une religieuse, celle-ci portant une coiffe simplifiée, — par comparaison avec le style des anciennes coiffes, — pilote les visiteurs à travers la propriété. Porte-parole d'une communauté que ses possessions immobilières ont rendue millionnaire, la brave religieuse va répétant: «Nos mères étaient pauvres, vous savez!» Quand on visite la chapelle, toute brillante d'un blanc immaculé et d'un or rutilant, on perçoit tout à la fois la prospérité des propriétaires et l'aptitude du bâtiment à passer à l'état de musée. Le jour où les deux dernières religieuses Ursulines auront pour la dernière fois récité en alternant l'office canonial dans les stalles du choeur, alors le ministère des Affaires culturelles prendra la relève. C'est

Faucher de Saint-Maurice. «Mon vieux Québec, nous t'aimons toujours.»

lui qui aura soin désormais de la lampe votive de Madeleine de Repentigny, allumée en 1717 et suspendue à la voûte de la chapelle quand cette mondaine fit amende honorable pour ses péchés et cacha à jamais sa beauté dans les profondeurs du cloître.

*   *   *

Ce qu'il faut comprendre et retenir quand on parle de Québec, c'est qu'une ville comme celle-là n'est pas seulement un ensemble de lieux et de choses, de noms et de chroniques. Québec est vraiment un bon sujet pour la photographie, mais la photographie ne lui rend pas justice. Québec est une communauté vivante qui a manifesté tout au long de son histoire une exubérance de sentiments et d'ambitions que les images de vieilles maisons et de rues pittoresques ne peuvent rappeler.

Le 20e siècle l'a fort malmenée. Elle qui, au cours des années 1900, menait une bonne petite vie bourgeoise, non dépourvue d'idéalisme pour autant, partageant sa vie entre l'héritage du passé et la direction morale de la région qui formait son royaume, de la Malbaie à Trois-Rivières, de Nicolet à Sainte-Anne-des-Monts, — la reine des deux rives du Saint-Laurent en somme! — elle se voit maintenant entraînée par le courant de la vie moderne. Son royaume lui échappe. Le doute et les regrets l'envahissent. Car le monde moderne a des lois impitoyables. Il pratique le «crois ou meurs» et son credo en est un de croissance économique, d'institutions financières et d'entreprises gigantesques. A cela Québec n'est pas entraînée. Alors elle s'essouffle, elle veut rattraper le temps perdu, elle se bagarre comme tout le monde.

La ville de Faucher de Saint-Maurice saura-t-elle vaincre l'incertitude du temps présent? L'écrivain québécois, après avoir combattu dès ses vingt ans avec les soldats de Maximilien au Mexique, était rentré à Québec pour quelques années. Puis il était reparti pour l'Europe et l'Afrique et il était de nouveau rentré à Québec. Sa vie ne fut qu'une série de contacts avec le monde à partir de la ville qui lui fournissait sa nourriture spirituelle et son dynamisme intellectuel. A la fin d'un de ses ouvrages, celui qu'il avait intitulé «Loin du pays», il s'adresse à sa chère ville et il lui dit:

Mon vieux Québec, je reviens à toi avec plaisir. Nous t'aimons toujours. Tu es la ville de l'hospitalité, des douces et solides amitiés. Tu es la ville des souvenirs.

Bibliographie

L'auteur est extrêmement reconnaissant à la Bibliothèque de l'Assemblée nationale, qui a mis tous ces livres à sa disposition.

Aberdeen, lady, Through Canada with a Kodak, 1893
Adam, G. Mercer, The Life & Career of Sir John A. Macdonald, s.d.
Anonyme, Les Ursulines de Québec, 1866
Ariel, France, Canadiens et Américains chez eux, 1920
Arnould, Louis, Nos Amis les Canadiens, 1913
Aylmer, lady, Recollections of Canada, 1837

Barbeau, Marius, Krieghoff découvre le Canada, 1934
Barbeau, Marius, Québec où survit l'Ancienne France, 1937
Bellesort, André, Reflets de la vieille Amérique, 1923
Beston, Henry, The St. Lawrence, 1942
Bibaud, Michel, Mon dernier voyage à Québec, 1842
Bigsby, John J., The Shoe and Canoe, 1850
Bird, Isabella Lucy, The English Woman in America, 1856
Blanchard, Raoul, Le Canada français, 1935
Blond, Georges, J'ai vu vivre l'Amérique, 1957
Bonnycastle, Richard H., Canada, as it was, is and may be, 1852
Bordeaux, Henry, Nouvelle et Vieille France, 1934
Bosworth, Newton, Hochelaga Depicta, 1839
Bourget, Paul, Sensations de Nouvelle-France, 1895
Bourinot, Sir John G., Canada under the British Rule, 1901
Bracq, Jean Charlemagne, The Evolution of French Canada, 1924
Bradley, A.G., Canada in the Twentieth Century, 1905
Brown, George W., Building the Canadian Nation, 1958
Buckingham, James S., Canada, Nova Scotia, New Bruncwick, 1843
Bugbee, Willis N., Drifting down the St. Lawrence, 1939
Buies, Arthur, Chroniques, 1873
Buies, Arthur, Récits de Voyages, 1890
Burlet, Lucien de, Au Canada, 1909

Burpee, L.J., Sandford Fleming — Empire Builder, 1915
Burpee, L.J., Quebec in Books, 1924
Burt, Alfred Leroy, A Short History of Canada for Americans, 1944
Burt, Alfred Leroy, The Old Province of Quebec, 1933
Butler, William Francis, The Great Lone Land, 1873

Call, Frank O., The Spell of French Canada, 1926
Canu, Jean, Villes et Paysages d'Amériques, 1937
Casgrain, H.R., Francis Parkman, 1872
Cather, Willa, Shadows on the Rock, 1931
Chambers, William, Things as they are in America, 1857
Champris, Gaillard de, Images du Canada français, 1947
Christie, Robert, A History of the Late Province of Quebec — 1848-55
Chauveau, Pierre J.-O., Charles Guérin, 1853
Clapin, Sylva, Le Canada, 1885
Clouthier, Raoul, The Lure of Quebec, 1923
Collard, Edgar A., Canadian Yesterdays, 1955
Collard, Edgar A., Call Back Yesterdays, 1965
Constantin-Fortin, Marguerite, Une Femme se penche sur son passé, 1930
Constantin-Meyer, Maurice, Un homme se penche sur son passé, 1928
Copping, Arthur E., Canada To-day and To-morrow, 1911
Craig, Gerald M., Early Travellers in Canada, 1955
Creighton, Donald, Dominion of the North, 1957
Creighton, Donald, The Story of Canada, 1959
Creighton, Donald, The Road to Confederation, 1964
Croonenberghs, Charles, Le Canada, 1892

Dandurand, Raoul, Mémoires, 1967
David, L.O., Mélanges historiques et littéraires, 1917
Davies, Blodwen, The Stories Streets of Quebec, 1929
Davies, Blodwen, Quebec — Portrait of a Province, 1951
Dawe, Alan, Profile of a Nation, 1969
Dean and Marshall, We Fell in Love with Quebec, 1950
De la Roche, Mazo, Quebec Historic Seaport, 1944
Dent, John Charles, The Last Forty Years, 1841
Dickens, Charles, American Notes, 1942
Dilke, Problems of Greater Britain, 1890
Donald, J.M., Quebec Patchwork, 1940
D'Orbigny, Alcide, Voyage dans les deux Amériques, 1867
Doughty and Dionne, Quebec under Two Flags, 1905
Doyle, A. Conan, The Refugees, 1893
Dufebvre, B., Cinq Femmes et Nous, 1950
Dufferin, Lady, My Canadian Journal, 1891
Duncan, Dorothy, Here's to Canada, 1941

Edgar, Matilda, General Brock, 1904

Fabre, Hector, Chroniques, 1877
Fairchild, George M., From my Quebec Scrap Book, 1907
Fairchild, George M., Gleamings from Quebec, 1908
Fairchild, Queenie, My French Canadian Neighbours, 1916
Faucher de Saint-Maurice, Relations sur les fouilles du Collège des Jésuites, 1879
Faucher de Saint-Maurice, Loin du Pays, 1889
Fèvre, Mgr Justin, Vie et Travaux de J.-P. Tardivel
Fleming, Sandford, England and Canada, 1884
Forbin, Victor, 17 000 km de film, 1927
Fréchette, Louis, Mémoires intimes, 1900
Frégault et Trudel, Histoire du Canada par les textes, 1952

Gagnon, Ernest, Lettres de Voyage, 1876
Gagnon, Ernest, Le Comte de Paris à Québec, 1891
Gailly de Taurines, Charles, La Nation Canadienne, 1894
Gale, George, Quebec 'Twixt Old and New, 1915
Gale, George, Historic Tales of Old Quebec, 1920
Galt, John, The Canadas, 1836
Gard, Anson A., The Yankee in Quebec, 1901
Garneau, F.-X., Voyages, 1881
Gaspé, Philippe-Aubert de, Mémoires, 1866
Genevoix, Maurice, Canada, 1945
Glazebrook, G.P. de T., Sir Edmund Walker, 1933
Gough, Thomas B., Boyish Reminiscences of His Majesty the King's visit to Canada in 1860
Grant, George Monro, Picturesque Canada, 1882
Grente, Mgr, Le beau voyage des cardinaux français aux États-Unis et au Canada, 1927
Guillet, Edwin C., The Lives and Times of the Patriots, 1938

Hale, Katherine, Canadian Cities of Romance, 1922
Hall, Basil, Travels in North America, 1829
Hardy, W.G., From Sea to Sea, 1960
Harrington, Bernard J., Lif of Sir William Logan, 1883
Henry, Walter, Trifles from my Port-folio, 1839
Heriot, George, Travels through the Canadas, 1807
Herriot, Édouard, Impression d'Amérique, 1923
Hodgson, Adam, Letters from North America, 1824
Hopkins, J. Castell, French Canada and the St. Lawrence, 1900
Howells, William D., Their Wedding Journey, 1873

Hughes, Katherine, Father Lacombe, 1911
Hulot, baron Étienne, De l'Atlantique au Pacifique, 1888
Hutchison, Bruce, The Unknown Country, 1942

Jaray et Hourticq, De Québec à Vancouver, 1924
Johnson, Clifton, The Picturesque St. Lawrence, 1910
Kohl, Johann G., Travels in North America, 1861

Lambert, John, Travels through Canada and the United States of North
    America, 1813
Lambert, Richard S., The Adventure in Canadian Painting, 1947
Lamothe, H. de, Cinq Mois chez les Français d'Amérique, 1879
Langelier, Charles, Lord Russel de Killowen à Québec, 1896
Lanman, Charles, Adventures of an Angler in Canada, Nova Scotia and
    the United States, 1848
Leclerc, Jules, Un Été en Amérique, 1886
Legendre, Napoléon, Échos de Québec, 1877
Lemoine, James MacPherson, Nos Quatre Historiens Modernes, 1883
Lemoine, James MacPherson, Québec en 1837-38, 1898
Longstreth, T. Morris, The Laurentians, 1922
Lorne, marquis de, Canadian Pictures, s.d.
Lyall, A.C., The Life of the Marquis of Dufferin and Ava, 1905

MacLennan, Hugh, Seven Rivers of Canada, 1961
Mackay, Charles, Life and Liberty in America, 1859
MacNutt, W. Stewart, Days of Lorne, 1955
MacPherson, Charlotte, Old Memories, 1890
Marmette, Joseph, A Travers la Vie, s.d.
Marmier, Xavier, Les États-Unis et le Canada, 1889
Marshall, Charles, The Canadian Dominion, 1871
McGee, J.C., Histoire politique de Québec-Est, 1948
McGregor, John, British America, 1832
Mélèse, Pierre, Canada, deux Peuples, une Nation, 1959
Milton and Cheadle, The North-West Passage by Land, 1865
Molinari, M.G. de, Lettres sur les États-Unis et le Canada, 1876
Monck, Frances E.O., My Canadian Leaves, 1891
Moodie, Susannah, Roughting it in the Bush, 1854
Morton, W.L., The Critical Years, 1964
Millman, Thomas R., Jacob Mountain First Lord Bishop of Quebec, 1947

New, Chester, Lord Durham's Mission to Canada, 1929
Nicholson, Byron, The French Canadian, 1902
Nicholson, Byron, In Old Quebec, 1909

Oakley, Amy, Kaleidoscopic Quebec, 1947
O'Connor, Clarence S., The Empire Cruise, 1925
O'Leary, Peter, Travels and Experiences in Canada, the Red River Terrirory
    and the United States, s.d.

Pacreau, Camille, Un Voyage au Saguenay, 1944
Paquet, L.A., Études et Appréciations, 1934
Parker, Bryan, Old Quebec, 1904
Parkman, Francis, Montcalm and Wolfe, 1898
Pavie, Théodore, Voyage aux États-Unis et au Canada, 1833
Percival, W.P., The Lure of Quebec, 1941
Pierson, George Wilson, Tocqueville and Beaumont in America, 1938
Plessis, J.-Octave, Journal d'un Voyage en Europe — 1819-1820
Prieur, F.X., Notes d'un Condamné Politique de 1838, 1884

Rameau, E., La France aux Colonies, 1859
Rameau, E., Situation Religieuse de l'Amérique Anglaise, 1866
Ray, Anna Chapin, By the Good Ste. Anne, 1904
Roquebrune, Robert, de, Testament de mon Enfance, 1951
Roquebrune, Robert de, Canadiens d'autrefois, 1966
Roy, Edmond, Napoléon au Canada, 1911
Roy, Pierre-Georges, A travers l'Histoire des Ursulines de Québec, 1939
Roy, Pierre-Georges, A travers l'Histoire de l'Hôtel-Dieu de Québec, 1939
Rumilly, Robert, Mgr Laflèche et son temps, 1938
Russel, W. Howard, Canada: its Defences, Conditions and Resources, 1865
Russel, Willis, Quebec: as it was and as it is, 1857

Samson, Joseph, Sketches of Lower Canada, 1817
Sand, Maurice, Six Milles Lieues à Toute Vapeur, 1862
Sandwell, B.K., The Canadian Peoples, 1941
Saxon, Harold, Under the King's Bastion, 1899
Siegfried, André, Le Canada, 1906
Skelton, Oscar David, Life and Letters of Sir Wilfrid Laurier, 1965
Slattery, T.P., The Assassination of D'Arcy McGee, 1968
Stacey, C.P., Canada and the British Army, 1963
Stanley, George F.G., Louis Riel, 1968
Sylvain, Robert, La Visite du Prince Napoléon au Canada, 1964

Taylor, Griffith, Canada, 1947
Theller, E.A., Canada 1837-38, 1841
Thoreau, David Henry, A Yankee in Canada, 1866
Tocqueville, Alexis de, Voyage en Amérique, 1833
Touchet, Mgr S., France toujours!, 1910

Trollope, Anthony, North America, 1862
Trudel, Marcel, Louis XVI, Le Congrès Américain et le Canada, 1949

Vernède, R.E., The Fair Dominion, 1911

Wade, Mason, Francis Parkman, Heroic Historian, 1942
Waite, P.B., The Life and Times of Confederation, 1962
Waite, P.B., L'Amérique Britannique du Nord, 1967
Watkins, Ernest, Prospect of Canada, 1954
Willson, Beckles, From Quebec to Piccadilly, 1929
Willson, Beckles, Quebec, the Laurentian Province, 1912
Wood, William, In the Heart of Old Canada, 1913
Wood, William, Unique Quebec, 1924
Woodley, E.C., The Province of Quebec through four Centurie, 1944
Woodley, E.C., Untold Tales of Old Quebec, 1949

Index

Table des matières

Composé en English times corps 12 aux Ateliers
Sigma Plus, cet ouvrage a été achevé d'imprimer
le 5 septembre 1978 par les travailleurs des Éditions Marquis, à Montmagny, pour le compte
des Éditions du Boréal Express.